JN233462

21世紀の企業経営と経営教育

和光大学経営教育研究会 編

学 文 社

はしがき

　現在，経営教育に関してさまざまな視点からの研究がある。その代表的研究団体の一つに1979年に創設された日本経営教育学会がある。当学会の設立趣旨は，①経営体の諸活動に関する実践的研究，②日本的経営および国際的経営の研究，③経営者・管理者の実践能力を育成するための経営教育の研究である。

　学会創設者であり，初代会長の故 山城章教授は，マネジメントの能力育成，すなわち経営者・管理者に対しての実践経営学を主張し，理論と実践との一体を強調した。

　当学会は，2002年6月の全国大会で45回を数える。この間，国際化や情報化と経営教育の問題，地域開発や経営革新と経営教育など，開催時期と開催校の問題意識によって多様な統一論題が設定されてきた。

　本書は，第31回全国大会（1995年6月2日〜4日，統一テーマ「経営倫理と経営教育」）が和光大学で開催されたことを契機として発足した学内研究会の研究成果である。開催当時は，明治大学名誉教授藤芳誠一先生が学会会長を引き受けておられ，200名近い会員の参加をえて開催されたことが思い出される。

　開催後時間的空白もあり，当時の研究テーマやメンバーも若干変わってきた。また研究会メンバー個々人の問題意識も今世紀になり変化してきた。ただし，当書は，できるだけ当初のメンバーによる同一課題について論述することとした。

　さて，本書のねらいは21世紀に生起されると思われる経営諸問題に対して，その本質と課題を視野にいれてまとめたものである。その特徴の第1は，平易に現状分析とその解説を試みていること。第2に，各章ごと末節にそれぞれの分野から，経営教育についての課題および方向を論じていること。第3は，読

者の対象を大学生および経営者・管理者を含む広く実務家としており，たんに教科書的ではなく，新しい問題にも意欲的に取り組んでいる。

さて，本書の構成は，以下のようになっている。

第1章　現代企業をめぐる諸問題　21世紀の特徴とニュー・マネジメントに関する問題と方向，そして経営教育の課題から構成されており，新しい企業経営の指導原理やコーポレート・ガバナンスの理論と実践にも論及している。また，3節では経営教育の体系と課題について新たな問題を提起している。

第2章　大競争時代の日本型経済システム　現行の経済システムの分析と問題点を明らかにし，さらに国際環境の変容とくに技術環境の進展に焦点をあててその実態に迫っている。また，大競争時代に対応するあらたな経済システム構築の必要性と人材教育の重要性を強調している。

第3章　日本企業のアジア展開と国際経営教育　日本企業の海外投資および海外行動について実態調査をふまえ，とくに北東アジア，東南アジアを中心にその現状と課題について論じている。経営教育については，日系企業の経営教育の実態と国際経営教育の課題を論じている。

第4章　ITの投資の経済的効果と経営行動　情報化への投資行動とその効果の分析に焦点をあてて論じている。従来の測定方法を紹介し，DEA (Data Envelopment Analysis) による情報装備ストックの検討やCCR (Charnes-Cooper-Rhodes) モデルについて言及し，情報化投資に関わる企業行動について論じている。

第5章　ネットワーク時代の情報の協創　情報の分類など基礎的理論から情報の協創支援システムなど実践的応用理論まで論じている。インターネットの飛躍的普及がもたらすさまざまな問題と情報の共有化や協創支援の方法・課題などにも論及している。

第6章　雇用環境の変化と流動化の方向　1990年代後半から21世紀の今日に至る雇用環境の変容と実態，そしてそこに内在している諸問題を明

らかにしている。厳しい雇用環境は雇用慣行や就業形態にも変化を来たし，ここでは雇用の新たな問題とその方向性を示唆している。

第7章　財務戦略の高度化と教育問題　　わが国の財務戦略の特徴とその方向について，海外投資行動とを関連づけで論述している。また，デリバティブ，ストックオプション，スワップなど新財務手法の特質と課題やその対応についても論じている。さらに，財務教育について経営者・管理者など実務家のレベルや学生など初級者のレベルなどにも理解しやすく説明している。

第8章　ヘルスケア経営・会計教育の人材育成　　21世紀に入って重要性が高まってきたものの一つにヘルスケア・マネジメントがある。ここでは，ビジネスとしてのヘルスケアに関する問題と目標利益の設定や利益計画および資金計画など経営分析や会計問題にも論及している。また，4節ではヘルスケア経営・会計教育の方向性について論じている。

本書は，先に述べたように1995年に発足した学内研究会の研究成果であるが出版があまりにも遅くなってしまった。教員の異動やメンバーの多くが校務を優先しなくてはならない時期と重なったことが一つの要因でもある。

ここで，執筆者を代表して学文社社長田中千津子氏に対して，お詫びとお礼を申し上げる次第である。それは，全員の原稿が整うまで長きにわたり待って頂いた。その間執筆時期のずれによる資料の差し替えや原稿の大幅な修正など多大なご迷惑をおかけしたこと，そして，出版事情の厳しいおり，ここに出版物として日の目を見たことに対して心より感謝申し上げる次第である。

2002年6月

和光大学経営教育研究会

執筆代表　飯冨順久

目 次

第1章 現代企業をめぐる諸問題 ―――――――――――――――― 1

1 現代社会の特徴と企業経営　1

(1) 現代社会の特徴……2　(2) 企業の指導原理と価値の多様化……6　(3) 環境変化と企業家機能……8

2 企業の環境変化とニュー・マネジメント　12

(1) 近年の企業倫理問題……12　(2) コーポレート・ガバナンスの理論と実践……16

3 新時代における経営教育の課題　19

(1) 経営教育体系の変容と問題点……19　(2) 多能工化……20　(3) 21世紀への提言……23

第2章 大競争時代の日本型経済システム ―――――――――――― 29

1 日本型経済システム　29

(1) 取引費用と経済システム……29　(2) 日本型経済システム……32　(3) 長期継続的取引の合理性……36

2 国際環境の変容　39

(1) 技術革新の意義……39　(2) 技術革新の進展……40　(3) 大競争時代の到来……43

3 日本型システムの限界と新たなるシステム　45

(1) 日本型システムの限界……45　(2) 新たなる経済システムを求めて……49　(3) 大競争時代の人材教育……53

第3章 日本企業のアジア展開と国際経営教育
　　　　―地域経済圏を中心として ――――――――――――――― 59

1 日本企業の海外投資とアジア地域経済圏　59

(1) 日本企業の海外投資の推移……59　(2) 日本企業のアジア投資の特徴……60　(3) アジア地域経済圏の形成……62

2　北東アジアの経済圏と日本企業　64

　(1) 中国……64　(2) 華南経済圏と両岸経済圏……67　(3) 環日本海経済圏と環渤海経済圏……69

3　東南アジアの経済圏と日本企業　71

　(1) ASEAN（東南アジア諸国連合）……71　(2) 成長の三角地帯……73　(3) バーツ経済圏とメコン河流域開発……74

4　日系企業の国際経営教育と今後の課題　75

　(1) 日系企業の経営教育……75　(2) 日本企業本社の国際経営の課題……75

第4章　IT（情報技術）投資の経済的効果と企業行動 ――――― 79

1　IT（情報技術）投資の経済的効果に関する検討　79

2　情報装備率と付加価値生産性　81

　(1) 情報装備率……81　(2) 付加価値生産性……83　(3) 分析結果……84

3　成長会計によるIT（情報技術）投資の経済的効果の分析　86

　(1) 成長会計……86　(2) 使用データと加工方法……87　(3) 分析結果……87

4　DEA（Data Envelopment Analysis）による情報装備ストックの検討　90

　(1) CCR(Charnes-Cooper-Rhodes)モデル……90　(2) 投入要素と産出要素……92　(3) 使用データ……92　(4) 全産業のクロスセクション分析……93　(5) 産業ごとの時系列分析……94　(6) スラックと代替率の分析……95

5　情報化投資に関わる企業行動　97

第5章　ネットワーク時代の情報の協創 ――――――――――― 103

1　問題の認識　103

2　情報の共有・協創　104

　(1) リエンジニアリングと情報……104　(2) 情報の分類……106　(3) 共有・協創のプロセス……107

3　共有・協創支援の情報技術　109

　　　　(1)　マルチメディアによる支援……109　　(2)　グループウェアによる支援……111
　　　　(3)　インターネットによる拡張……113

　　4　結論：今後の課題　115

第6章　雇用の流動化の動向　――――――――――――――　119

　　1　平成不況期の雇用調整　119

　　　　(1)　雇用調整の実施状況……119　　(2)　離職の内容……123　　(3)　労働時間短縮と労働コストの上昇……124

　　2　転職率の動向　127

　　　　(1)　転職率の上昇……127　　(2)　転職率上昇の原因……130　　(3)　企業の雇用動向の変化……134　　(4)　雇用慣行変化の方向性……138

　　3　多様な就業形態　141

　　　　(1)　就業形態別の満足度……141　　(2)　異なる就業形態の担い手……143

　　4　結論：今後の課題　146

第7章　財務戦略の高度化と教育問題　――――――――――　153

　　1　財務戦略の高度化　153

　　　　(1)　財務戦略高度化の背景……153　　(2)　財務リスクの高まりとその対応……155

　　2　新財務手法の利用と問題点　159

　　　　(1)　デリバティブ取引の特徴……159　　(2)　財務戦略に活用するオプション……162　　(3)　財務戦略に活用するスワップ……165　　(4)　財務戦略に活用する金融先物……167

　　3　財務教育の課題と展望　169

　　　　(1)　財務入門者レベルの課題と展望……169　　(2)　経営者，管理者レベルの課題と展望……170　　(3)　財務実務者レベルの課題と展望……171　　(4)　問題点と今後の展望……176

第8章 ヘルスケア経営・会計教育と人材育成
　　　──ビジネスプランニングを検討して ──────── 179

1　ヘルスケアをめぐる論点整理　179
2　ヘルスケア分野のビジネスプランニング　181
　(1) 利益計画の検討……181　(2) CVP分析（損益分岐点）による目標利益の設定……183　(3) ビジネスプランニングの一事例……184
3　資金予算と資金計画　186
　(1) 長期資金計画……187　(2) 短期資金計画……188
4　ヘルスケア経営・会計教育の一方向性　189
　(1) ヘルスケア経営管理士の育成……189　(2) ヘルスケア経営センスの向上……193

索　引　197

第1章
現代企業をめぐる諸問題

1　現代社会の特徴と企業経営

　私たちの日常生活は，企業が生み出す商品やサービスによって支えられている。衣食住の生活必需品は，そのほとんどすべてが企業によって供給され，われわれはそれらを購入し，豊かな生活を享受している。さらに，余暇や娯楽においても，旅行会社の提供するパックでの旅行，ソフトウェアハウスの提供するゲーム，そして出版社の提供する雑誌や書籍などによって，日々過ごしている。われわれにとって企業が存在しなければ，そして企業の提供する商品・サービスがなければ，1分1秒たりとも，生活は不可能であり，それほど企業は現代社会のすみずみにまで入りこんでいるのである。

　企業は本来，家計や政府，とならんで，経済的な機能を担うものとして社会に存在している。企業は商品・サービスを提供するだけでなく，労働の対価としての賃金を払うことによって人びとの生活を支えている。また，利益のなかから税金を支払うことによって，その国または地方自治体の財政を支えているのである。しかしながら，そのこと以上に，企業それ自体が社会的な存在となっていることに注意しなくてはならない。企業の社会に対する影響力は量的に拡大を遂げる一方で，質的にも大きく変化してきているのが現状である。

　企業は社会の諸制度の一環であるとともに，学校，病院，行政機関などとともに組織体である。この制度や組織体は，人びとのイデオロギーや習慣・規範と強く結ばれ，社会全体の価値観などを形成する。また，企業の規模が巨大化し，社会的影響力が大きくなってくると，他の組織体をも動かし社会における諸問題の根源になる場合もある。後で述べる現代社会の特徴の多くは，企業行

動にその源泉があり，社会の発展に寄与する部分と負の影響をもたらすことも考慮しておく必要がある。

企業は社会システムのサブシステムの一つであり，他のサブシステムとともに社会を構成している。企業の存続・成長は，社会との有機的関連（利害者とのバランス）のうちに可能になり，その前提として社会全体との調和あるいは共生の原理が必要になる。

(1) 現代社会の特徴
1) 社会経済の変化

世界的な潮流をトレンドとしてみたとき，次の5点をあげてみることができる。

第1には，高度先端技術の発展としてのハイテク化があげられる。これは，コンピュータの小型化とともに高度化を加速させているマイクロエレクトロニクスの発展（ME化）と情報処理技術の飛躍的な進歩を促している。これらの技術を基礎にしてメカトロニクスさらにはオプトエレクトロニクスと進んで多くの分野で利用されるようになった。この「ハイテク化」の急激な発展が産業構造や企業構造とともに価値体系にも変化を与えている。

第2には，地球規模で取り組む必要がある環境保全の問題である。かつて日本では1960年代後半から1970年代にかけて産業公害が日本各地で発生した。当時の公害問題は発生源が一定地域に限定されていたため，責任の所在や復元のための対応の方法も早い段階で確立した。今日，われわれが直面している環境問題は地球全体に及ぶものであり，このまま環境汚染が進むと人類の生存，存続すら危いといわれている。このことをうけて企業では開発―生産―流通―販売の各段階で環境保全のための具体的方策が緊急の課題となっている。

第3には，社会の成熟化，少子，高齢化の進展にともなうさまざまな問題が生じている。

所得水準の上昇にともない，人びとは経済的に豊かな生活を享受するように

なり価値観が多様化した。その結果，物質的な豊かさだけでなく，精神的豊かさやゆとりが求められ，調和のとれた生活を望むようになった。このような社会を「成熟社会」とよんでいるが，企業はこれに応えていかなければ成長，発展が望めなくなってきている。

さらに，医学の発達などで平均寿命が伸びて高齢者が増加した。また，女性の職場進出が一般化し，経済的自立が高まるとともに男女平等の強まりもあって未婚化が進み，出生率の低下をもたらすことによって「少子，高齢化」が進んだ。少子，高齢化の進展によって，企業は従業員の雇用・処理のあり方や中高年者の活用が問われるようになった。

第4には，グローバル化（地球規模での国際化）の進展があげられる。

ヒト，モノ，カネ，情報が国境を越えて交流し，経済活動を中心に国家間の相互依存関係が強まることを「グローバル化」とよぶ。

WTO（世界貿易機構）が本格的に動き出し，アメリカのグローバル・スタンダード化，東南アジア諸国や中国の急速な工業化の進展により，いっそうグローバル化が進んだ。この結果，日本に対する「規制緩和」の要求が強まるとともに，外国企業の日本への進出や日本企業の海外への工業立地などが活発化した。さらに，国内的には価格破壊が進行し，流通チャンネルの再編成が進むとともに，国外的にはカントリー・リスクへの対応を迫られている。

第5には，情報化の進展があげられる。情報化社会とはモノを中心とした産業から情報や知識を中心とした産業にかわり，社会活動においても情報や知識が重要な役割を果たすようになることをいう。

企業にあっては，単にコンピュータやIT（情報技術）を装備するにとどまらず，情報のネットワーク化を図りながら知識創造型企業の構築が求められている。また，従業員にあってはパソコンや携帯電話の急速な普及により，企業対従業員や従業員間のコミュニケーションのパターンが大きく変わりつつある。

2）個人，企業，社会の三者関係の変化

以上の諸点が，個人，企業，社会の三者関係にどのような変化をもたらして

いるかをみてみよう。

第1に、個人・家庭生活の重視があげられる。

「会社中心社会から生活優先社会へ」というように人びとの行動様式や価値意識が大きくかわりつつある。従来、「会社人間」という言葉でよばれていたように、多くの労働者は会社中心に生活が営まれ、家庭生活や私生活が犠牲にされても甘受してきた。それによって企業が成長、発展し、その結果として昇進、昇格が実現してきたからである。しかし、近年は雇用不安、賃金ダウンや老後不安などが強まることによって、企業との間に距離をおくようになってきた。そこには、企業社会から自立した生活者を大切にする生活優先社会への価値転換の志向性が強く感じられるのである。

この問題は、日本企業の伝統的な集団主義経営の再検討が求められているあらわれであり、具体的には、組織・業務の運営や人的資源管理のあり方が問われている。

第2に、外部化＝外部依存型社会への傾斜があげられる。

個人レベルでは、生活様式＝ライフスタイルの変化によって外食だけでなく中食とよばれる家庭で手軽に食べられる冷凍食品が普及した。また、共働き夫婦が子どもを保育所に預ける家庭が増加したことなどにみられるように、もともと家族の内部機能として固有なものと考えられていた保育機能を外部化する傾向が強まった。

企業レベルでも外部化が進んでいる。自社のビル管理や清掃などの業務を外部の専門業者に委託するケースは以前からみられた。近年、生産ラインを外部に委託するものも含め、企業のもつ業務や管理機能を専門業者に委託するアウトソーシングが進んでいる。また、人件費の上昇による競争力低下を防ぐため、東南アジア諸国を中心に生産拠点を海外に移転する企業が多くみられるようになった。近年、中国やベトナムに工場を移転する企業が急増しているのが好例である。このような動きは、生産拠点にとどまらず研究拠点や本社機能までも海外に求める気運を強めている。このことは、産業や雇用の空洞化論議の引き

金になっている。国内産業の活性化や需要の喚起，雇用の増加が叫ばれているとき，海外投資行動のあり方が強く問われている。

第3に，高度情報社会の進展による個人・家庭生活や企業行動の変化があげられる。

日本でも情報化投資が活発に行われるようになって，携帯電話やインターネットに代表されるデジタルネットワークが整備されてきた。その結果，携帯電話やインターネットの普及に弾みがついてきたが，とくに携帯電話の普及は目覚しく，インターネット機能が付加されたことにより，携帯電話が生活に根づき，さらなる機能強化が図られることは想像に難くない。このような情報通信の普及は，個人や家庭の生活に大きな影響を及ぼしている。

この問題は，個人や家庭生活に変化をもたらしているだけでなく，企業行動の変化をも促している。従業員の情報リテラシーの向上が求められているだけでなく，ネットワークを通して開発，生産，購買，流通，販売各部門のシステム化をどのように図るか，現在，試行錯誤が行われている。

最後に，社会保障制度の変革による影響があげられる。

高齢化の進展によって医療・年金を中心とした社会保障が増加の一途をたどることは必至である。社会保障費は国，企業，本人の三者で応分の負担をすることになっているが，健康保険や厚生年金などの保険料率は労使で折半している。保険料率のアップは労使双方の負担増も強いることから，大幅な増額は労使双方に強い抵抗がある。高齢者の増加によって年金受給者や医療費が増えれば，国や現役世代の人びとの負担が重くなることは避けられない。それゆえ，社会全体で公平に負担することや，世代間の給付の均衡が図られるような仕組みが望まれ，社会保障制度全体にわたって議論が行われている最中である。

いずれにしても，企業にあって，健康保険や厚生年金などの負担増は避けられない。とくに，年金については企業の多額な負担を避ける意味から確定給付型から確定拠出型へ転換する企業が多くみられるように，従業員の自己責任原則が強まっていくものと思われる。

(2) 企業の指導原理と価値の多様化

近年，企業における不祥事および不正事件が多発し，国際的にもさまざまな影響をもたらしてきた。問題の背景には，戦後の経済復興のエネルギーとキャッチアップの精神があげられ，その根底には政―官―民一体となっての経済優先の考え方があったと考えられる。

21世紀に存続可能な企業の条件の第1は，1900年代および2000年までの反省の上にたった新しい指導原理の構築とそれにもとづく行動にほかならない。

1）社会的責任の本質とその展開

企業の社会的責任（social responsibility）あるいは企業社会責任（corporate social responsibility＝CSR）について，規範論（技術原則論）の立場でもっとも早い研究は，シェルドン（Sheldon, O.）(1924) の "The Philosophy of Management" であろう。その後ドラッカー（Drucker, P.F.），イールズ（Eells, R.），デービス（Davis, K.）らによって，理論の精緻化ないし実証理論化された。日本では，高田馨や森本三男などが代表的である。ここでは社会的責任の本質については，イールズおよび高田馨の見解を基礎に，次の2つに求めてみたい。

① 環境責任――企業の内部環境主体（株主，従業員，労働組合）と外部環境主体（消費者，供給者，地域社会，金融機関，政府など）に対する責任であり，経済的責任のみならず「環境主体の欲求のすべてを満足させる責任，全人的責任を意味する」。

② 体制責任――資本主義体制を持続する多元社会存続への責任であり，現体制の維持は自由企業体制を存続させることになり，その責任は「企業・経営者の地位の保持に貢献するものである」。

社会的責任の具体的内容およびその展開についてもさまざまな研究があるが，ここでは，キャロル（Carroll, A.B.）の見解を修正した図表1-1に示し，森本三男の主張を紹介してみたい。「CSRのあるべき内容項目を第1次元＝水平軸と第2次元＝垂直軸によって整理し，その実践の様相が第3次元＝立体軸によって説明されることになる。したがって，この図は，CSRをめぐる理論と実践

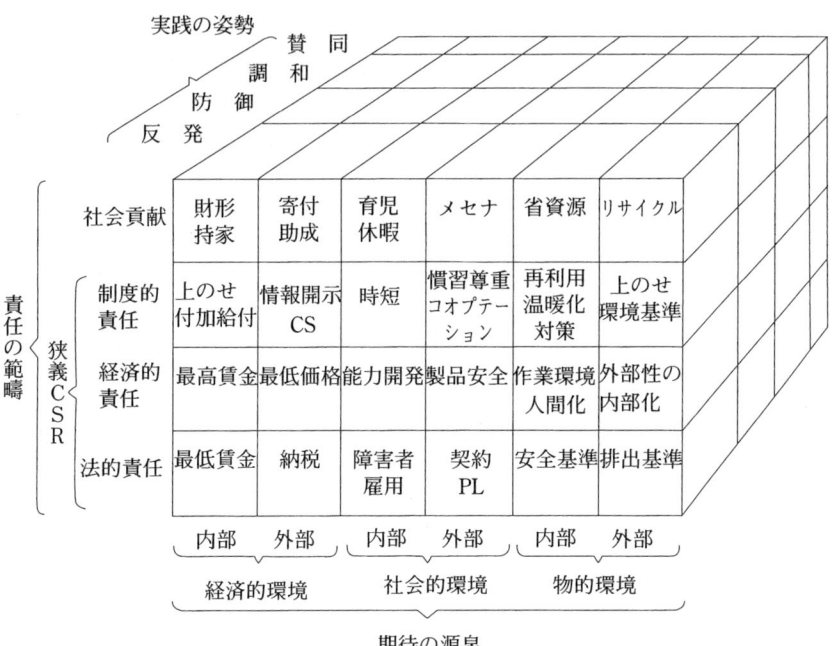

図表 1 − 1　CSR修正 3 次元モデル（例示は典型的なもののみ）

実践の姿勢：賛同／調和／防御／反発

責任の範疇		経済的環境		社会的環境		物的環境	
		内部	外部	内部	外部	内部	外部
	社会貢献	財形持家	寄付助成	育児休暇	メセナ	省資源	リサイクル
狭義CSR	制度的責任	上のせ付加給付	情報開示 CS	時短	慣習尊重コオプテーション	再利用温暖化対策	上のせ環境基準
狭義CSR	経済的責任	最高賃金	最低価格	能力開発	製品安全	作業環境人間化	外部性の内部化
	法的責任	最低賃金	納税	障害者雇用	契約 PL	安全基準	排出基準

期待の源泉

注：CS＝consumer satisfaction
　　PL＝product liability

出所）森本三男『企業社会責任の経営学的研究』1994年，白桃書房，p.75

の統合を示すものである。」社会的責任論が義務論や正義論の立場で論じられ，一方実践の側面では社会監督，企業社会会計など検証の研究がなされており，企業評価の一指標として精緻化されているのが現状である。

2）企業の社会性と公共性，公益性

　企業が環境主体に対して責任をもつ，いわゆる社会的責任の達成度合いについては，さまざまな方法が検討されているものの一般化するに至っていない。しかしながら，社会的責任を企業行動の原理として位置づけ，経営目的や方針などの策定のさい考慮していかねばならない。とくに，経営体を経済単位とし

て，あるいは社会単位（social unit）として考察する場合には，次の3つを確認する必要がある。
  ① 社会性：企業の経営者は，経営の職業人＝プロとして仕事を完全有効に成就し，その仕事の達成を通して社会に貢献し奉仕すること。経営者個人の欲求のため，企業経営を犠牲にすることは社会性に反することであり，他の職業人と同様に，悪徳，悪事に働くことは許されない。
  ② 公共性：経営者である前に善き市民，善き人間であることが前提であり，公の秩序を維持し，社会生活において他人に迷惑を及ぼさないこと。このことは，専門職業人の見解から生起する社会性とは異なり，人間として社会人として当然のものとして受け止めなければならない。
  ③ 公益性：経営体から生ずる利益を公正に分配しなくてはならないこと。この分配をうけるのは利害者であり，そのすべてに対して公正かつ厳正に配分されること。配分の公益性については，対境の原理で説明される場合もある。

これら3つは，個々の有効性をもつとともに，三者統一，一体でなくてはならず，これらは私企業には無縁のように考えられがちであるが，現代ではとくに留意しなくてはならず，社会的責任の原理として位置づけることもできよう。

(3) 環境変化と企業家機能
1) 企業環境の領域とその内容

企業環境といった時，企業を取り巻く自然環境のみを想定して議論する場合がある。また「環境への適応」を論ずる場合，その領域が不明確のために真の適応策が提案されないケースがある。ここでは，いくつかの領域を紹介してみたい。

コンロビア大学のアンシェン（Anshen, M.）教授は，「経済的変化の領域は，経営者・管理者にとって重要ないくつかの環境領域のうちのひとつにすぎない。このほかにも3つの重要な領域があり，それは技術的環境，社会的環境，政治

的環境である」と述べている。また，バーナード（Barnard, C.）によれば，環境は，原子と分子，運動する生物の集積からなり，また，人と感情，物理的法則と社会的法則，さらに社会理念，行動規範および力と抵抗など無数のものからなるとし，これらを物的環境と社会的環境の2つの領域に分けている。

さて，企業の環境領域を一般的には，経済，技術，社会，政治，自然の5つの領域に分けているが，個別の企業組織を考慮し，さらにその主体を明確にする意味において，図表1－2のように内部環境，外部環境の2つに分けることができる。

このように，企業の環境を内部環境と外部環境に分けて把握する場合，その境界と内容については，論者によって多少の違いがあるが，企業の価値の共有を前提として，内部組織の環境と内部組織に従属しない外部の環境とに区別している。

図表1－2　企業環境の主体

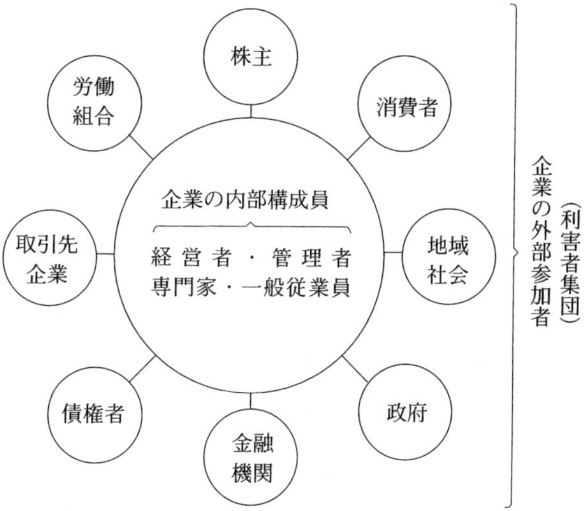

内部構成員：経営者・管理者・専門家・一般従業員

企業の外部参加者（利害者集団）：株主，消費者，地域社会，政府，金融機関，債権者，取引先企業，労働組合

出所）藤芳誠一・飯冨順久編『新経営学教科書』学文社，1995年，p.30

内部環境の主体には，経営者・管理者・一般従業員，外部環境には株主，労働組合，地域社会，消費者，金融機関，取引企業，債権者，政府など多様で異質な個人あるいは集団が含まれている。そしてこのような環境主体を利害者集団 (stakeholders, interest groups) と称することができ，企業はつねに諸環境の変化の方向と態様を注視し，それに適応することが要求されている。

　企業環境の諸主体が個人の場合には，状況によって集団化し権利を主張したり法的保護を求めてくる。外部環境のひとつである消費者は，欠陥商品などが発覚した時には，消費者運動を展開し，その商品の排除ないし影響を防止するため法律の制定を要求する。

　このような動向をふまえて，経済団体連合会（経団連）では「企業行動憲章」を制定しているので，図表1－3に掲げておく。このように，各種利害者集団の成熟過程は，企業の外部環境の変化または環境主体の制度化を意味しており，これに対する企業の行動として，次の3点を指摘することができる。

① 経営目標，価値体系，行動様式を修正し「革新」と「蛻変」の機会を求める。
② 内・外の環境主体に対応するための企業内組織を確立し，的確に適応＝対応すること。
③ 企業行動をつねに監視し，その評価や意見がトップにフィードバックできる組織を構築すること。たとえば「……委員会」「……室」のような組織である。

　ここで「企業家機能」をあげているのは，企業家機能（企業家精神といってもよい）が企業の存続，成長にとって欠くことができないものだからである。企業家機能は，将来構想を構築するという点で革新的リーダーの基本的要件ともいえる。

　企業の寿命は30年といわれる。これは30年で消滅するという意味ではなく，30年をメドに企業経営を蛻変させ，事業転換を図ってこそ企業を存続，成長させることが可能となる。この事業転換の過程で企業が環境変化に適応すること

図表1−3　経団連企業行動憲章

企業は，公正な競争を通じて利潤を追求するという経済的主体であると同時に，広く社会にとって有用な存在であることが求められている。そのため企業は，次の10原則に基づき，国の内外を問わず，全ての法律，国際ルールおよびその精神を遵守するとともに社会的良識をもって行動する。

1. 社会的に有用な財，サービスを安全性に十分配慮して開発，提供する。
2. 公正，透明，自由な競争を行う。また，政治，行政との健全かつ正常な関係を保つ。
3. 株主はもとより，広く社会とのコミュニケーションを行い，企業情報を積極的かつ公正に開示する。
4. 環境問題への取り組みは企業の存在と活動に必須の要件であることを認識し，自主的，積極的に行動する。
5. 「良き企業市民」として，積極的に社会貢献活動を行う。
6. 従業員のゆとりと豊かさを実現し，安全で働きやすい環境を確保するとともに，従業員の人格，個性を尊重する。
7. 市民社会の秩序や安全に脅威を与える反社会的勢力および団体とは断固として対決する。
8. 海外においては，その文化や慣習を尊重し，現地の発展に貢献する経営を行う。
9. 経営トップは，本憲章の精神の実現が自らの役割であることを認識し，率先垂範の上，関係者への周知徹底と社内体制の整備を行うとともに，倫理観の涵養に努める。
10. 本憲章に反するような事態が発生したときには，経営トップ自らが問題解決にあたり，原因究明，再発防止に努める。また，社会への迅速かつ的確な情報公開を行うとともに，権限と責任を明確にした上，自らを含めて厳正な処分を行う。

によって，企業の存続，成長を実現することができる。このとき企業家機能あるいは企業家精神を発揮することが必要不可欠な条件である。企業家機能あるいは企業家精神は創業者の人びとが内包していることが多いが，二世になるとそれが稀薄となり，企業が衰退することが少なくない。

2　企業の環境変化とニュー・マネジメント

(1) 近年の企業倫理問題

　倫理＝Ethics はギリシャ語に語源をもち，習慣，慣習，社会精神，さらにそれによって作られる個々の性格・性向をあらわし，これは，外部からあたえられるものではなく，人間社会の内部で互いの約束ごととして生まれてくるものと理解できる。したがって，倫理の概念は，「社会により提供される文化に組み込まれたルールと価値のシステム」であり，習慣や生活に対して，イデオロギーといった行動文化であるゆえ，それは人間社会の社会生活に対して，拘束力をもち，いかに行動するべきかという人間社会の行動ルールであると理解することができる。

　現在，一般の倫理学だけでは，特定の組織体の理論，すなわち企業倫理，経営倫理などの個別の問題には不十分になってきている。それは，企業が一般の社会に比べ特殊な目的をもち，特殊な行動原理をもっていること，企業行動が原因となってさまざまな問題が発生し，その影響が社会問題化してきていることなどによる。このようにして，企業行動にかかわる問題，あるいは企業経営に対応できる倫理学，すなわち企業倫理の必要性が提唱されてきたと考えられる。企業は経済的目的をもった組織体であり，社会の制度の一つである。経済的組織体は，それぞれのルールに従って，競争しつつ製品とサービスの提供を行う。そこでの倫理的問題は，不公正な取引，独占，環境汚染，欠陥商品，贈収賄などがあげられる。しかしながら，組織体として責任の所在などあいまいな場合もあり，個人の価値体系と組織の価値体系が必ずしも一致しない場合もある。

組織の構成員として行動する時，個人の行動は制約され，組織に従属することを余儀なくされる。それは，個人の倫理が一時的に抑圧されたり，あるいは消滅して，企業の倫理に従わざるを得ないことがある。企業のみに尽くす企業戦士といった場合，個人の倫理はほとんど存在しなくなる。また，企業が最大利潤の獲得を追求する時，往々にして社会一般の倫理から逸脱することになる。このような点から，個人―企業―社会の三層構造を一つの倫理体系で結ぶという議論がでてくる。それは企業規模の拡大や企業行動が社会に与える影響が大きくなってきたからである。この三層構造を一つの倫理体系で結ぶということは，グッド・コーポレート・シチズンシップの考え方に適応すると思われる。個人が企業に抑制され，個人の倫理観が通用しない時，個人は社会の倫理体系に従って行動する必要があり，企業の価値体系に依存した行動に対しては，批判とその是正を求める勇気を必要とする。ところで，1990年代から多発した企業の反倫理的行為に対して，2000年においては，その防止策として，企業倫理の制度化ないしその運用が課題となった。

企業の行動を倫理的に問題にする場合，そのレベルに注目する必要がある。キャロルは，次の5つのレベルがあると指摘している。

① 個人レベル　② 組織レベル　③ 団体（業界）レベル　④ 社会レベル　⑤ 国際レベル。いずれのレベル問題も最終的には個人の価値観によるところとなるが，ここでは②および③に重点をおき，企業ないし経営倫理の制度化について論じてみたい。

制度化のプログラムないしステップについては，さまざまな見解があるが，以下の3点に整理してみた。

(1)　企業の行動基準ないし倫理綱領の制定
(2)　取締役の機能強化と取締役会の改革
(3)　監査役の機能改革と監査とシステムの確立

(1)の企業の行動基準ないし倫理綱領の制定の試みとしては，アメリカの場合，1991年に制定した連邦量刑ガイドライン（Federal Sentencing Guideline）が連邦政府では最初であるといわれている。これは，企業が遵法行為を犯し有罪になった場合，その罰金の決定方法を明らかにするとともに，罰金を課すことにより，反倫理的行動を未然に防ぐことを目的としていた。

わが国の場合には，1991年経団連が，図表1－3のような「企業行動憲章」を制定し，各企業にも制定を促したのが，団体レベルでは最初である。企業レベルで代表的なものは，1961年法律遵守のプログラムとして制定されたIBMの"Business Conduct Guidelines"（BCG）がある。これは，1977年，1983年，1988年，1995年とその時代の要請のなかで修正され今日に至っている。

それは，世界131か国にある子会社の全社員に共通するものであり，その主旨は「私たちがIBM社員としてしばしば直面する倫理上および法律上の問題には，さまざまなものがあります。これらの問題は，IBMの基本的な価値観と理念に従って解決しなければなりません。社員はすべて，法律を守り，倫理に則って行動することを求められて居ります。＜ビジネス・コンダクト・ガイドライン＞は，IBMとその子会社の社員が，さまざまな法律上および倫理上の問題を解決していくための一般的な指針を定めたものです。社員が，営業のほか，特殊な分野，たとえば，政府調達や諸規則（環境，輸出，租税，関税など）に関連する分野で働いている場合は，その分野特有のガイドラインにも従わなければなりません」とはしがきで述べている。また，1995年の改訂版の主な内容は，① 高い企業倫理に従って公正な事業活動を行うこと，② 法律を遵守し，一人ひとり責任ある行動をとること，③ グローバルで情報社会に対応すると同時に顧客の信頼を得ることなどである。

次に，(2)の取締役の機能強化と取締役会の改革については，コーポレート・ガバナンスの問題にも関連するが，企業行動の執行的側面から，その倫理性を問う場合，トップ・マネジメントである取締役ないし取締役会の構成メンバーの内容とその権限・機能が問題視される。

アメリカ，イギリスおよびドイツの特徴は，① アメリカの取締役の平均人数は13名程度で，その内，外部取締役は9名と，わが国と比較してその割合が多いこと。② 取締役会の内部に各種の委員会，たとえば，監査委員会，倫理委員会などが設置されており，それぞれ委員長は外部取締役の場合が多いこと。③ 取締役会に執行責任者の活動を監視する機能が課せられていること。④ アメリカやイギリスなどの場合，取締役と執行委員（副社長・部長など）が分離されている企業が多くみられること。⑤ ドイツの場合，監査役会が取締役を任命するシステムになっていること。

　以上のように，取締役の人数を少なくすると同時に外部取締役の割合を多くすることにより監視機能を強化している。アメリカの場合，監査役制度がないため，ニューヨーク証券取引所の上場条件として監査委員会の設置を義務づけているという実情があるが，今後，わが国でも取締役会における外部取締役の割合を多くし，多面的に監視する体制を構築する必要があると思われる。

　また，執行委員制の導入について菊池敏夫は「執行委員制の導入は取締役と執行委員とを分離するものであるが，取締役でない副社長や事業部長に相応の権限と責任および報酬があたえられることが必要である」との見解を示し，執行委員の権限と責任の明確化を条件にその導入を示唆している。

　一方，外部取締役の所属やその資質が課題となろう。イギリスのように過去，当該企業に勤務実績のない者を候補者とすることは当然であるが，わが国でよくみられるような系列企業間の交換人事や天下り人事では実質的監視機能は発揮されないだろう。

　(3)の監査役の機能改革と監査システムの確立問題は，① 監査制度の強化─すでに，1993年の法改正によって，大規模会社については外部監査役の導入，監査役会の制度化が義務づけられている。さらに，外部監査役の資格を厳しく，監査役会の過半数を外部監査役で構成するなど，監視体制を強化する改革がなされてきている。監査システムの確立に向けての取り組みは，名実ともに執行機関（内部組織）と分離独立した組織として編成し，執行機関に対して毅然と

した発言が可能であることが前提になる。また，開示の義務と責任についても，企業の社会性の観点から，その範囲を拡大していかなくてはならないであろう。

(2) コーポレート・ガバナンスの理論と実践
1) コーポレート・ガバナンスの概要

コーポレート・ガバナンス（Corporate Governance）とは，会社統治，または企業統治の意味であり，"会社は誰のものか，会社は誰が監視するか"という問題と深くかかわってくる。したがって，利害者集団との利害関係の調整・適正化を達成するための適切な意思決定と経営の執行活動に対する監視を効果的に行うこと，あるいはそれを行うためのシステムのことである。

このようなコーポレート・ガバナンス問題の中心に位置しているのは，経営者と株主である。古くはアダム・スミス（Adam Smith）が『国富論』(1776)において，株式会社の経営者に強い警戒心をもっていて，彼らに事業を監視することは期待できず，株式会社の経営には怠慢と浪費がつきまとうことを指摘して，株式会社制度には懐疑的な態度をとっていた。また，バーリー＝ミーンズ（Barle＝Means）は，『近代株式会社と私有財産』(1932)において，アメリカの大企業は株式の分散化を進行して，経営者の権限が巨大化し，完全に所有と経営が分離しつつあることから，経営者支配論を展開した。この経営者支配論が1970年代の社会的責任の論議，1980年代のM＆Aをめぐる議論と結びつく形でコーポレート・ガバナンスとして大きな注目を集めるようになってきたと考えられる。さらに，1980年代後半から1990年代にかけて各国において企業の不祥事が相次ぎ，コーポレート・ガバナンスの再検討が重要な経営問題であると認識されるようになってきた。

このようにコーポレート・ガバナンスは，会社法（商法）をはじめとする法律，各種の規制，税体系を反映した形で，それぞれの国で異なった特徴をもっている。前述のように，さまざまな利害者集団が存在し，さまざまな形で，企業の経営を見守っているのが現状である。

ここでは，コーポレート・ガバナンスの現状を次の2つのモデルに分けて考えてみたい。

① 英米型モデル

第1のモデルは，アメリカとイギリスにおけるコーポレート・ガバナンスに代表されるモデルである。ⓐ株式所有の分散化，ⓑディスクロージャー制度の発達を前提として，株式市場に大きな役割があたえられている。このモデルでは株主が株式市場での取引を通じて経営者を監視し，株価がその経営者の「評価」を果たすものである。経営者の企業経営に不満がある株主は，株式を売るという方法により意思表示をする。株式売却による株価の下落は，経営に対する不満が株主にあるという信号の役割を果たす。それでも経営者が経営の改善を行わないならば，第三者が敵対的にテイクオーバー（買収）を行うことになる。

このようにして，経営者の監視機能が働き，非効率な経営が一掃されるというシステムである。

② 日独型モデル

第2のモデルは，ドイツと日本におけるコーポレート・ガバナンスに代表されるタイプである。ⓐ株式所有の集中化，ⓑディスクロージャー制度の未発達を前提として，銀行（日本においてはメインバンク，ドイツにおいてはハウスバンク）の監視行動を重視するものである。

このモデルは，少数の株主（銀行および関連企業）が企業の株式の相当部分を保有し，また長期間にわたって保有し続けている。それによって，経営者と株主との間に密接で長期的な信頼関係が築き上げられているものである。場合によっては銀行が企業の内部機関（日本においては取締役会，ドイツにおいては監査役会）に参加することを通じてこの信頼関係が強化されることもしばしばである。

2）コーポレート・ガバナンスの課題

前述のように，各国においてコーポレート・ガバナンスのためのシステムが構築されている。しかしながら，アメリカにおいて必ずしも敵対的買収が有効であるとはいえないような環境変化が起きている。また日本の大企業においては「銀行離れ」が起きており，銀行の監視機能が十分に働かなくなっている。それどころか銀行自身が経営の危機に直面さえしているのである。

このように，世界的にコーポレート・ガバナンスが有効に行われていないという認識がある。このような状況のなかで，イギリスにおいてはキャドベリー報告（Cadbury Report）が発表され，アメリカにおいてもいくつかの提案が出されている。日本においても，コーポレート・ガバナンスを機能させるように，商法改正が試みられている。

コーポレート・ガバナンスの議論で重要なことは社会性が強調されてきていることである。たとえば，アメリカ最大の公的年金資金 TIAA－CREF（全米教職員退職年金）は「株主の長期的利益と取締役が社会的責任や地域社会への貢献に配慮することは両立できる」ことをそのコーポレート・ガバナンスのガイドラインにおいて明言している。また，GM のコーポレート・ガバナンス憲章の趣旨説明においても「株主の皆様の取締役会は，GM の経営陣に対し顧客，従業員，地域社会，販売業者（ディーラー）および納入業者に対する責任を認識し，事業を末永く成功させるよう指導しています」として，同様の考えがとられている。アメリカにおいてさえ，株主の利益だけを考慮するということではないことが理解されなければならない。

コーポレート・ガバナンスの再構築は，多様な利害者集団を考慮しつつ，経営を心がけるという原点に立ち返って，行われなければならない。それは企業の存続にとってもっとも重要なことである。

3 新時代における経営教育の課題

(1) 経営教育体系の変容と問題点

　日本の経営教育は企業内教育として階層別教育と職能別教育を中心に実施されてきた。外部の専門機関での研修参加はそれを補完するものであった。そして教育方法として OJT（On the Job-Training―職場内教育）と Off-J-T（Off the Job Training―職場外教育）を併用してきたが，前者の OJT を重視してきた。Off-J-T は集合教育ともよばれ，階層別教育も職能別教育も当該職位・職務につく直前に動機づけに重点をおく導入教育から始められた。後に再教育も行われるようになり，専門的な知識，技能や管理能力を修得するようになった。職能別教育は時代のニーズに応える形で重点的に行われた。高度成長後半期に営業販売部門強化のための教育が積極的に行われたのは好例である。OJT が重視されてきたのは，仕事能力はあくまでも仕事（経験）を通して自己啓発によって能力開発を促すという考え方のあらわれである。この場合，上司や先輩が教育される側の部下の指導責任を負うことになる。OJT 重視は Off-J-T を副次的な方法，手段と捉えているということになる。この考え方は現在でも根深く残っている。

　しかし，新たな知識，技術の創出や管理技法の導入などにより，企業がイノベーションを図るため関係者は新しい知識や技術を学習，修得する必要性に迫られる機会が多くなった。このことは Off-J-T による教育の比重を高めざるをえなかった。この場合，従来からの講義形式の座学による集合教育だけでなく，自主的に研究会や勉強会をもったり，国内外の大学，研究機関に留学して自己啓発に励むようになった。

　第2次世界大戦後，アメリカの統計的品質管理手法（SQC）が日本に導入され生産現場に普及していった。日本では，それがスタッフ部門の管理技術の改善策として活用されるにとどまらず，製造ラインの従業員を巻き込んでいったところに大きな特徴がある。これが，QC サークル活動となって各企業に広が

り，それが契機となって各種の改善活動がみられるようになった。このような小集団活動が日本のもの作り組織能力を高めていった基盤であった。

　QCサークル活動に代表される小集団活動は，品質向上やコスト低減などを主要な目的としている。その目的を達成するため，スタッフとラインとが協力して活動に取り組むことになる。当初，スタッフがラインの人びとを教育，指導する比重が高いが，ラインの人びとが必要な知識，技術を習得するに従って目標達成への貢献意欲が強まり，個人的に勉強したり自主的に勉強会をもったりするようになって自己啓発が強まる。

　QCサークル活動で代表される小集団活動は，製造現場にとどまらず管理部門や非製造業にも波及していったが，大きな効果を収めたのは生産現場である。それが，日本のもの作り組織能力を高めた要因のひとつである。改善技法は，普遍性をもっていたため諸外国にも導入されていった。

　(2)　多能工化

　日本企業での特徴に多能工化があげられる。外国と異なり特定の職務活動に従事することは少なく，関連する職務を経験しながら職務の幅を広げようとするのが日本企業の特徴である。これは，視野を広げることによって応用力をもたせようとする狙いがある。すなわち，個人の創意工夫や改善への意欲を高めようとするものである。ここにも自己啓発を促す基盤がある。

　多能工化を広義にみれば，管理部門に従事する人びとに対してもあてはまる。企業内で同一職務に終始する人は少なく，異なる職務を複数経験する人が多い。複数職務を経験するのは異動を繰り返しながら管理職へ昇進するためである。そのため新たな職務を遂行する上で必要な知識，技能を学ぶ職能別教育が必要であった。あくまでもOJTが中心であることは先述の通りであるが，OJTの方法を管理者に任せるならば個人差が生じるから，指導方法や部下育成の目安を設ける企業が多くみられるようになった。

　近年，目標管理制度を実施している企業が多い。制度の内容，運用に違いはあるが，ホワイトカラーにあって生産性向上が大きな課題であった。これまで

のように組織単位としてだけでなく個人レベルにおいても目標を設定し，目標達成を通して生産性向上を図ることが効果的であると考えたあらわれである。

目標の達成に当たって結果である成果や業績を問うだけでなく，目標達成過程をも問う仕組みになっている。経営教育の観点からみて，次の点が重要である。すなわち，管理者が部下の目標達成の度合いをチェックするだけでなく，目標の達成が図れるよう援助，指導することが求められている。ここで援助，指導というのは，たとえば本人がどのような能力を補強したらよいか，それをどのように修得したらよいか本人に理解，受容させることである。

目標管理制度は個々人の目標達成を図ることはいうまでもないが，個人の能力開発を促すことが狙いにある。企業成員の能力開発を継続的に促すならば，継続的に目標達成を図ることが可能となる。このことから継続的な能力開発を促すことが重要であり，先述の部下指導の中心をなすものである。制度として部下指導を義務づけている企業が増加しているが，それを形式的ではなく実質的に実のあるものにすることが肝要である。この点については，管理者自身の意欲と努力に依存するだけでなく，トップ・マネジメントの理解と全面的支援が欠かせない。

以上のように，日本の経営教育は階層別教育と職能別教育を柱とした集合教育およびOJTを基盤にしながら発展してきた。高度成長以降，経営教育機能は拡大してTQC活動，改善運動や多能工型の人事管理などに及んでいった。それらの活動や管理制度の目的は成員の能力開発にあった。能力開発は自己啓発に依存するところが大きかった。

近年，能力主義管理としての成果主義化が進むとともに，目標管理制度を導入し，普及するに至った。それに伴って成員個人の成果，業績が厳しく問われるようになった。成果主義は個人の専門的管理的能力を重視するが，能力開発に関しては自己責任の名のもとに個人の努力に依存する傾向が強まっている。資格取得などが典型であるが，近年，日本国内の大学が大学院充実の一環として社会人入試を実施するところが増え，個人的に応募し，入学するビジネスマ

ンが多くみられるのもそうである。
　従来，日本の経営教育は企業内教育体系にのっとって，企業の求める社員像に準拠して教育訓練が行われてきた。その後，業務活動や人事管理制度と一体化して人材育成を図るようになってきたが，成果主義の進展に伴って自己啓発あるいは自己開発に重きがおかれ，自己責任が強化されるようになった。
　能力開発によって成員の能力が向上することは好ましいことであるが，そのよせ集めだけで企業が組織として力を発揮することはできない。現在，日本企業が当面する課題はここにある。われわれは経営教育の概念を成員個人の能力開発に限定せず，組織能力の向上に眼を向ける必要があろう。
　近年，経営者，管理者にとってもコンピュータ（パソコン）の利用が不可欠となり，コンピュータリテラシーや情報リテラシーの必要性が唱えられてきた。コンピュータリテラシーとは，コンピュータのハードウェアのみならず他のソフトウェアの使用方法も含めて精通することを意味する。情報リテラシーの意味内容はパソコン操作や情報処理能力より広い。企業の情報システムがどのように構築され，社内の支援システム，顧客や業者とのネットワークがどのように構築され支援しているかを理解することも含まれている。
　グローバル化の進展は，企業内のみならずグローバルな規模での情報ネットワークの構築の必要性が増している。それに対応して経営者や管理者も情報リテラシーを必要とする度合は一層強まっている。
　自己啓発は能力開発に欠かせないばかりか，もっとも重視すべきものであるが，自己啓発を通じて経営実践能力を向上させる上で次の点を留意する必要がある。価値の共有化や価値実現のための意欲とともに価値志向性（"志"といってもよい）を多くの人びとが共有することである。そのために同僚や上位者との交流を通じて価値や思いが注入されることもあるから，話し合いの場をできるだけ多くもつことが必要である。

(3) 21世紀への提言

　経営教育とは経営原理を基本にした実践経営学の方法である。日本でもっとも早くから実践経営学を唱道したのは山城章である。山城章の実践経営学は，KAEの原理に依拠している。K（Knowledge）は知識，A（Ability）は能力，E（Experience）は経験のそれぞれの頭文字をとったものである。この三者の統一された研究方法が実践経営学である。そしてKAEの原理はKとEを基礎とし，Aを啓発するというものである。このAは実践的能力としての能力を指している。

　実践経営学にあって経営行為の主体や行為の実践だけが研究対象ではない。経営実践の中心的な担い手である経営者や管理者の能力開発はもとより，経営各部門の成員の能力開発が研究対象となる。能力開発というとき，それは個人レベルのそれにとどまらず，企業行動にかかわることも研究対象となる。それは組織能力といってもよい。企業行動を経営実践の観点から捉え直すことに他ならない。経営実践につなげる方法として経営教育という名を冠していることになる。

　企業において経営実践は，企業成員が全員で担っているが，そのなかでも経営者と管理者の果たす役割が大きいことから，彼らの経営教育が中心的課題となる。すなわち，経営者教育と管理者教育が主要な研究対象となるから，この両者を中心に考察してみたい。

　経営（者）教育の基本は経営者の経営能力の育成，向上にあるが，経営者の自己啓発に依存するところが大きい。

　経営者の経営能力というとき，その中核は企業家精神（entrepreneurship）であるから，企業家精神の修得，強化が必要になる。企業家精神の発露が経営理念である。企業家精神は創業（起業）時に必要な条件であるばかりでなく，企業が成長，発展していく過程で変革を余儀なくされるから，その時にも必要不可欠な原動力である。

　企業家精神については，古くはシュンペーター（Shumperter, J. A.）が，近

年ではドーリンガー（Dollinger, M. J.）が定義している。共通して指摘しているのは不確実性やリスクの負担を覚悟しなければならないことや，絶えずイノベーション（革新）や創造的破壊を行っていくことなどである。

　企業家精神というときベンチャー企業のそれを指すことが多い。日本でベンチャー企業の件数が他国と比較して少ないのは，企業家精神を抱く人びとが少ないという言葉だけではすまされない。起業を喚起する風土，土壌が希薄であるなど固有な文化に基因している。現在，政府をはじめ大学や研究機関などで種々の支援やふ化装置が整備され始めた段階である。起業を志す人びとに対しての資金援助などの支援策の強化から教育システムの整備まで包括的な政策の推進が不可欠であり，今は，さまざまな取り組みがなされはじめてきている。

　これに加えて起業家精神を評価し育成する社会を構築することである。ベンチャー企業を多く生み出している国は，起業への挑戦が社会的に評価されている。起業は，成功する保証はないどころか失敗するケースが少なくない。失敗を経験していない人よりも失敗の経験をした人のほうが，次に挑戦して成功する確率が高いのである。失敗を恐れず起業に挑戦する社会を構築し，起業を志す人びとを評価する社会を作り上げることが今日求められている。

　今一つ，組織能力について触れておく。現在，経営戦略が課題となっているが，その一環として組織能力が重視されてきている。組織能力は企業の収益を高めるため組織を鍛え，企業内競争において優位に立てるような能力を獲得することを目指すものである。製造業において低コスト・高品質の製品をつくり上げ，他企業の追従を許さないというのが好例である。日本はこのような「ものづくり」という点での組織能力において優れた実績を上げてきた。

　組織能力を高めて収益を安定化させるには開発，購売，製造，販売各部門の組織能力を高め，それらを一貫したトータルシステムのもとで生産性，品質，価格，サービスなどで高い競争力をもちうるものにしなければならない。日本の企業が「ものづくり」で優れていたのは，企業間で「ものづくり」競争にエネルギーを費やしてきたためである。それに対して欧米の企業は，「ものづく

り」の組織能力を高めるだけでなく，ビジネスモデルを活用して高収益に結びつける戦略があった。

現在，日本の企業の経営者に求められているのは戦略の構築である。「ものづくり」の組織能力を高める努力は依然として必要であるが，それにとどまらない。インターネットや情報技術を利用した商取引としてのビジネスモデルの利用や SCM（Supply Chain Management）の構築などが戦略的に必要となる。これらのシステムをどう作り上げて収益に結びつけていけるかが今後の経営者の戦略的課題であり，このことは経営者が経営責任を果たすことに他ならない。

新しいシステム構築が経営者の課題であるが，それを有効的に機能させなければ価値実現を図れない。継続的に収益を上げることはできないということである。新しいシステムを有効に機能させるために管理者や彼らを支える人びととの価値の共有化と価値実現に向けて，経営者が経営理念をどう訴え，理解，受容させるかが大切である。このような意味での経営者の経営リーダーシップが問われることになる。

今後の経営者教育において重要な課題は企業文化にかかわる問題である。企業文化についての定義は種々あるが，「価値と規範の体系」として捉えることができる。価値とは「望ましさ」であるから，企業のみならず社会にも通用する望ましい企業行動や企業成員行動を指す。規範は期待される行動様式であるから人びとにとっての行動準則やルール・きまりである。これらは，単に成文化された規則や綱領だけでなく，職場での非明示的な集団規範も含まれる。

望ましい価値としての理念を実現するための経営努力をし，めざす価値（理念）を実現することが，ここでいう企業文化である。今後，このような企業文化の創造が強く求められるであろう。理念（価値）が理念にとどまらず，実現に向けて経営努力（実践）する方策を研究対象にするところに経営教育の大きな特徴がある。このことは，次に述べる企業が社会的責任を果たすことと密接に関連している。

経営者教育において今一つ今後とも重要な課題はステイクホールダー（stakeholder－株主，取引先企業，地域住民，顧客など企業に関わる利害関係者）との関係である。経営者は内部管理だけでなく，関係する企業外の組織や個人との関係についてもますます重い経営責任を負い，経営の行動のなかに取り込んでいかなければならなくなってきた。この点については，すでに企業の社会的責任論として述べてきた。しかし，近年の汚職，種々の違法行為，隠ぺい工作などの事件の発生は，これまで以上に売り上げ低下や取り引き中止などの社会的制裁の度合が強まることが予想される。それは企業存続の根幹を揺るがすことにもなり，これまで以上に重視しなければならないことを示唆している。

このことについては，倫理規定の成文化やその徹底化を図るため種々の方策が行われているが，今後，より一層具体的な形で論議されることが必要であろう。

経営者の育成について，次の点に留意する必要がある。

先述のように，従来は複数職務を異動しながら管理職に昇進する人事システムが一般的であった。彼らは職場での直面する問題解決能力，職場内外の調整力，従来からの慣行を重視するバランス感覚などを培ってきているところに特徴があった。

現在のように企業環境が激しく変化し，それに適応するための戦略的視点をもった人材が必要になった。このような戦略的人材を早期から選抜・育成していかなければならない。この人びとは，スペシャリストとして専門的能力を保有しながらもゼネラリストとしても通用する能力をもった人びとである。トップはもとより企業外部の一流の人びとと絶えず交流の機会をもって高い理想や志を抱き，その何分の一でも実現できるよう機会を与えることがトップの責任である。そこには，リスクを伴うこともあるが，それが許容できる企業であれば大きく飛躍することもできるであろう。

参考文献

飯冨順久編『現代社会の経営学』学文社，1999年

飫冨順久『企業行動の評価と倫理』学文社, 2000年
菊池敏夫『現代経営学(三訂版)』税務経理協会, 1994年
菊池敏夫「コーポレート・ガバナンスの検討」『経営行動』1994年10月, 第9巻, 第3号
高田　馨『経営の目的と責任』日本生産本部, 1970年
高田　馨『経営目的論』千倉書房, 1978年
高田　馨『経営の倫理と責任』千倉書房, 1989年
藤芳誠一編『経営管理学事典』泉文堂, 1985年
藤芳誠一編『新時代の経営学』学文社, 1993年
藤芳誠一・飫冨順久編『新経営学教科書』学文社, 1995年
藤芳誠一編『ビジュアル基本経営学』学文社, 1999年
森本三男『企業社会責任の経営学的研究』白桃書房, 1994年

第2章
大競争時代の日本型経済システム

　かつて賞賛された日本経済だが，21世紀を迎えてもなお，バブル崩壊に続く不況から脱け出せない。その間，財政拡大と金融緩和により総需要拡大を目指したものの，景気拡大には至らず，残ったものは不良債権と財政赤字の肥大化であった。日本経済への信認の低下は止まることを知らない。

　本章はひとつの試論として，ヒト，モノ，カネ，情報といった経済資源の取引費用と，その取引費用を軽減すべく生成する諸制度をサブシステムとする経済システムとの関係を規定したうえで，いわゆる「日本型」の経済システムがなぜ現在うまく機能しなくなっているのかという疑問に，新制度派的アプローチを加えて，ひとつの解答を見出そうとしている。その解答にまず簡潔に言及するならば，情報通信分野での技術革新を契機とする近年の国際環境の変容に対して，従来の日本型システムが優位性を発揮し得なくなった，ということに尽きる。

　以下，1では取引費用と経済システムとの関係，次いで日本型システムとその合理性に触れた後，2では近年の国際環境の変容が日本型システムにいかに大きなインパクトを与えたのかについて考える。そして3では，大競争時代に適合した新たなる経済システムについて考察していきたい。[1]

1　日本型経済システム

(1)　取引費用と経済システム

　まず取引費用を定義しよう。経済学，とくに伝統的新古典派経済学の世界で頻繁に用いられる「効率性」という言葉には厳密な定義が存在する。それは，買い手と売り手の間で一方の利益を損なうことなしに他方を利する取引機会が

残されていない状態であり，可能な取引すべてが尽くされている状態である。しかしながら，コース(Ronald H. Coase)が指摘したように，新古典派経済理論では，取引の過程で費用が掛らないとの仮定を暗黙裡に置いていたがゆえに，前述の効率性が達成できると想定していたに過ぎない[2]。現実の世界では取引には費用が掛る。したがって，可能な取引すべてが実行されることはなく，新古典派の定義する効率性の達成は不可能となる。

それでは取引費用とは何か。それは，「交換を交渉し，測定し，執行する費用」である[3]。まず交換を交渉する費用とは，コースに拠れば，「交渉をしようとする相手は誰であるかを見つけ出すこと，交渉をしたいこと，および，どのような条件で取引しようとしているのかを人びとに伝えること，成約にいたるまでにさまざまな駆け引きをおこなうこと，契約を結ぶこと…」である[4]。

次の測定費用は，交換の対象である財やサービスの属性を測定する費用である。アカロフ(G. Akerlof)は売り手と買い手の間に存在する情報の非対称性に着目して，買い手が「レモン」を掴まされる危険性のあることを指摘したが，売り手と買い手双方が把握している情報が対称的であったとしても，情報が少なければ，買い手はさらなる情報の獲得に費用を掛けて財やサービスの属性を測定する必要に迫られる場合もあろう[5]。

最後に執行費用が生じるのは，取引が契約通りに行われない可能性が常に存在するからである。そのために契約違反を罰したり，違反を思いとどまらせたりする執行メカニズムが必要となる。仮に契約を順守することが法律によって義務付けられているにしても，途上国でしばしば観察されるように，法律自体が有名無実化していて執行されなければ，あるいは執行費用が高ければ，取引のリスクは高まることになる。

以上の理由から，経済的取引には，新古典派経済学の想定と異なり，費用の存在することが明白である。取引費用が高いとき，仮にその取引によって売り手と買い手双方が利益を得る見込みがあったとしても，取引は必ずしも実行に移されない。つまり新古典派経済学の期待する効率性が達成されないことにな

る。

　それでは次に，取引費用と経済システムとの関係をどのように規定すれば良いのだろうか。取引費用が高ければ，費用を軽減する取引形態が工夫されるはずである。

　たとえば，交渉費用を低下させる古典的手法は売り手と買い手を一箇所に集めることである。そもそも市場が生まれたのは，こうした背景が存在する。あるいはアメリカ自動車産業にかつてみられたように，自動車メーカーが部品メーカーである取引先を次つぎに買収し，統合を進めたことも同じ理由である。

　測定費用を軽減する端的な例は，保証期間を設けることである。一定期間，製品の質を保証することは，測定費用を低くする。返品制度，クーリングオフ制度，製造物責任法，情報開示義務などはすべて同じような役割を果たしている。また履歴書に記入する学歴や資格の有無も同様で，多種多様な技能検定資格などは労働市場での測定費用軽減の一助となっているはずである。以上のような諸制度が不在の場合には，取引範囲を親戚や知人に限定したり，信頼に足る第三者からの推薦に基づいて取引相手を決めたりすることで，測定費用の軽減が図られる。その場合，取引の範囲は不特定多数には広がりにくく，限定的とならざるを得ない。つまり市場規模は制約を受けることになる。

　執行費用が高いならば，つまりは法的整備が遅れていたり，法律が執行されないリスクが高かったり，あるいは訴訟費用が高かったり，結審まで時間がかかったりする場合には，取引はやはり不特定多数との間に広がりにくく，親戚や知人といった狭い範囲での取引に限定されやすい。執行費用を減らすもうひとつの方策は，特定の相手と反復的ないしは継続的に取引をすることである。近い将来新たな取引が期待されるならば，取引相手から反感を買うような行為は避けるからである。加えて，競争環境が整備されていると，代替的取引相手の存在が契約不履行の抑止要因となる。

　このように，一定の取引費用のもとで，取引の主体は多種多様な工夫を用いて費用やリスクの軽減を図ることになる。そしてその時に生成されるのが本章

で扱う諸制度であり、その諸制度の集合体が経済システムである。なお、ここで制度とは、「経済活動を行ううえで使われるさまざまな仕組みの総称であり、これまで伝統的な経済学が採り上げてきた市場メカニズムだけでなく、ひろく法的な制度や慣習、組織、規則、約束事など、われわれが日々経済活動を行う上で前提となり、経済活動を規制するものすべてを含んでいるもの[6]」である。あるいは別の表現を借りれば、「社会におけるゲームのルール[7]」となる。当然、ルールには成文化されたフォーマルなルールもあれば、伝統や習慣などに根差したインフォーマルなルールもある。

　そして経済システムとは、「さまざまな制度からなり、各経済主体がこれらの制度の下で経済活動を行うことによって自律性を保っている経済単位[8]」であり、そこでは、大雑把に言うと、何をどれだけ、どのように生産し、かつ所得をどのように分配するかという選択が規定されることになる。換言すれば、資源配分、生産関数、所得分配の有り様を規定するメカニズムである[9]。

　つまり取引費用の存在こそが経済主体を費用削減に向けた諸制度の構築に向かわせ、その諸制度の集合体が一国経済を包含する経済システムを作り出すことになる。そして取引費用が高いほど、市場はその範囲を狭めるものの、制度の構築が市場の縮小を一部相殺することになる。そして諸制度に何らかの共通項が見出されるとき、そしてその性質が特異であるとき、「…型」経済システムと呼ばれるわけである。

　21世紀の到来を前にして、社会主義諸国の多くが市場経済の仲間入りを果たしたことから、あるいは市場経済の要素を導入したことから、経済システム間の差異は小さくなっている。しかし同時に、どのような市場経済のあり方が優位性を持ち得るのかをめぐり、経済システム間の新たな競争が始まっている。

(2)　日本型経済システム

　日本型経済システムを具体的に規定するならば、終身雇用、生産ならびに流通系列、企業集団、メインバンク制などといった日本経済に特異な——あるい

は少なくともそのように見なされることの多い——諸制度といったサブシステムによって構成されている包括的経済システム，ということになろう。すでに定義したように，諸制度にはインフォーマルなゲームのルールも含むため，制度よりも慣行との表現が適切な場合が多い。

上記制度の共通項を一言で表すならば，そこでの取引は必ずしも市場を経由せずに，長期間継続する傾向の強い点である。通常，市場取引は以下のように概念化されている。

a．取引が単発的で継続性がないこと(非継続性)
b．取引相手が不特定であること(匿名性)
c．取引相手が多数であること(多数性)

売り手は多数の買い手の中からその都度もっとも高く買ってくれる相手と取引を行い，買い手は多数の売り手の中からその都度もっとも安く売ってくれる相手と取引を行うため，取引は多くの場合単発的で，反復ないしは継続する必然性はない。そしてそれがゆえに，売り手と買い手の間には何らの関係も構築されない。

ところが日本型諸制度のもと，終身雇用では特定の雇用主と被雇用者が長期にわたって継続的雇用関係を維持し，系列や企業集団では特定の企業同士が長期にわたり継続的取引関係を維持し，メインバンク制では特定の銀行と特定の企業がやはり長期にわたり融資関係を維持しており，それぞれの場合に何らかの関係が見出されるのが普通である。オーカン（Arthur M. Okun）の表現を借りるならば，「見えざる手」ならぬ「見えざる握手」によって取引相手同士が関係を構築し，そこでは市場取引とは正反対の以下の特徴が観察される。[10]

a．取引に継続性がある(継続性)
b．取引相手が特定されている(非匿名性)

c．取引相手が少数であること(少数性)

　こうした共通項をもつ諸制度をサブシステムとする日本型経済システムは取引費用の高さを軽減する目的で構築されていったというのが，本章での認識である。

　以下，組立メーカーと下請け企業が取引を通じて結合した(垂直型)系列の一形態である，生産系列に迫ってみる。

　生産系列内での企業間取引はやはり，不特定多数の企業との単発的なスポット取引よりも，特定少数企業との継続的取引が多く見受けられる。系列を企業間の固定的関係とするのは，まさにこの理由に他ならない。日米構造協議にてアメリカ側が系列を閉鎖的慣行と指摘したことに対し，公正取引委員会は当時の日本の大企業(金融業を除く)における企業間取引に関して，図表2－1のような調査結果を報告している。[11] 図表2－1に拠ると，まず継続的取引の程度(a)についてでは，調査対象企業の内，5年以上の継続的取引を「ほとんどすべて」と「かなりある」と回答した企業が圧倒的に多く，その割合は生産財取引で計97.8％，資本財取引で計80.4％にも達していた。また，仕入れ先の入れ替わり状況(b)では，「ほとんどない」か「少し」との回答が，生産財取引で計96.6％，資本財取引で計87.9％と，ほぼすべてを占めていた。

図表2－1　大企業の取引慣行

a．継続的取引の程度（単位：％）

	生産財	資本財
ほとんどすべて	60.7	22.8
かなりある	37.1	57.6
半分ほどある	0.0	13.0
少しある	0.0	5.4
ほとんどない	2.3	1.1

b．仕入れ先の入れ替わり状況（単位：％）

	生産財	資本財
ほとんどない	45.5	25.3
少し	51.1	62.6
半分程度	2.3	9.9
多く	0.0	2.2
ほとんど	1.1	0.0

出所）公正取引委員会事務局『我が国企業の継続的取引の実態について』1987年，pp.2-3

図表2-2　自動車メーカーと仕入高上位30社との取引年数

	仕入先数	取引年数		
		5年未満	5年以上	20年以上
自動車メーカー 9社平均	30社	0.8社 (2.7%)	1.7社 (5.7%)	27.5社 (91.7%)

出所）公正取引委員会事務局『自動車部品の取引に関する実態調査』1993年, p.24

　さらに，自動車産業に限った調査結果(図表2-2)では，自動車メーカーが直接取引している1次部品メーカー(1社あたり平均392.4社)の内，取引が5年以上継続している部品メーカーが平均322.6社(82.2%)であるのに対し，5年未満は同69.8社(17.8%)に過ぎないことが，報告されていた。しかも，自動車メーカーと仕入高上位30社の部品メーカーとの取引に限定するなら，自動車メーカーは平均で27.5社(91.7%)と20年以上も取引を続けている，といった実態が明らかにされた。[12] 以上のように，日本の大企業全般，とりわけ生産系列の典型である自動車産業において，企業間取引は極めて継続的，固定的になっていたのである。

　自動車メーカーと部品メーカー間の取引が長期間継続するのは，単に前者が後者の株式を所有しているとか，役員を派遣しているとか，あるいは従来から取引関係にあるからではない。絶えず品質，価格，技術開発力，納期等を評価したうえで，取引が継続されているのである。ただしそうであっても，特定少数相手との長期継続的取引は，市場取引と比較して取引費用を低く抑えていると思われる。その点は，自動車メーカー側が取引を継続する理由として，以下の点を挙げていることからも，明らかである。[13]

　a．全く新しい部品を開発する場合を除き，既存の部品製造技術等を次期モデルに応用でき，自動車メーカー，部品メーカーの双方にとって部品開発が容易になる。

　b．部品メーカーが自動車メーカーの製品コンセプト等を熟知しているため，

対応が迅速になる。
c．新規部品メーカーと取引を始めるには，事前調査が必要で，それはコストを要する。
d．部品メーカーと共同して次期モデル開発段階早期から部品の品質改善，コスト低減に取り組む必要があるため，部品メーカーとは長期的に安定した取引が不可欠。
e．自動車部品は一般に汎用性が低く，部品メーカーは取引先の自動車メーカーの車種に合わせて特殊な生産ラインを設置する場合が多い。そのため新規部品メーカーとの取引には，新たな生産設備の設置というコストが必要になる。

長期継続的取引が交渉費用，測定費用，そして執行費用のいずれも軽減していることは，明白である。

(3) 長期継続的取引の合理性

それでは組立メーカーと部品メーカーとの取引がなぜ継続的となるのか，やはり自動車産業を例に，その根拠を明らかにする[14]。

まず前提として，今日，乗用車を1台生産するために必要な部品は約8,000種類，約3万点にも及び，しかも激しい国際競争のなかで各部品生産は高度の専門技術を必要とする。当然のこととして，一企業がすべてを内製するには限界があるが，仮にほとんどすべての部品を内製しようとするなら，組織の肥大化は避けられず，規模の不経済性，組織の官僚化，労働モラールの低下といった弊害が生じやすくなる[15]。日本の自動車メーカーが部品生産や部品加工等の相当部分を外部に依存し，自らは組立にほぼ特化することで，組織をスリムに保っているのは，まさにこうした理由からである。

以上の前提に立って，自動車メーカーは，市場を通じて，つまりスポット取引により部品を購入するか，それとも特定メーカーとの継続的取引により部品

を仕入れるか，といった選択に直面することになる。この選択の基準となるのが，「取引特殊的投資」(transaction-specific investment)の有無である。取引特殊的投資というのは，ある特定の取引に限定的な投資のことで，部品メーカーにとっては，特定の自動車メーカーまたは車種に使途が限定された投資のことを指す。自動車の場合，製品差別化競争が極めて激しく，その結果として，部品メーカーの供給する部品は特殊使用のものが多く，市販部品が少ないとの特徴がある。これは，自動車メーカーが違えば，さらに同じメーカーであっても車種が違えば，部品の共通性が少ないことを意味している。とすると，自動車メーカーが不特定多数の部品メーカーから市場を通じて部品を購入することは物理的にも難しくなり，少数の部品メーカーとの取引を選択せざるを得ない。しかし，仮に少数の部品メーカーが特定の自動車メーカーとの取引特殊的投資を進める意向を持っていたにしても，部品メーカーにとっては，投資費用がその自動車メーカーとの取引を通じて将来確実に回収されるという何らかの保証が必要で，それがなければ，投資の実行は難しい。

　つまり部品メーカーにとっては，取引特殊的投資を実施すれば，その特殊性ゆえに，特定の取引に閉じ込められることになる。その時，投資費用を回収するための手立てはその取引の継続以外にはなく，取引の停止は，わざわざ設置した特殊な生産設備の回収を困難にするのである。自動車メーカーにとっては，企業経営の柔軟性を奪いかねない長期契約を取引相手との間で明示的に結ぶことは難しい。しかし自動車メーカー側も同様に，少数の特定部品メーカーに供給を依存するという意味で，少なくとも次期モデルチェンジまでは，取引の継続性を必要とする。取引の停止は，完成車の生産自体を脅かしかねないのである。このような状況において，自動車メーカーは明示的な契約の代わりに，取引を長期にわたって継続したいとの意思を暗黙的に示唆することもできる。自動車メーカーによる部品メーカーへの出資または増資，役員の派遣，取引特殊的投資のための融資等がそれに当たる。

　このことは，取引特殊的投資が一度なされてしまうと，その存在が自動車メー

カー，部品メーカーの双方にとって，取引停止を妨げる「退出障壁」として[18]，または取引継続のための「人質」(hostage)として[19]機能することを意味するが，それは，既存の相手と取引を継続する場合の純便益と，既存の相手との取引を停止し他と新たに取引を始める場合の純便益との差として定義される「取引停止により失われる純レント」(appropriable quasi-rent)を高め[20]，取引相手を替えることの機会費用を大きくする。ここに，取引相手を替える誘因は小さくなり，自動車メーカーと部品メーカーはお互いに，取引を継続することに合理性を見いだすことになる。つまり，取引特殊的投資の存在のゆえに，両者は「見えざる握手」により結ばれ，取引が長期継続的となるのである。

　退出障壁あるいは人質の存在は，当然のこととして，自動車メーカーと部品メーカーのそれぞれを危険分散の方向に向かわせる。前者は同一部品を複数の部品メーカーに発注することで，万一取引が停止した場合に備えるとともに，発注先の部品メーカーに絶えず技術開発に努めるよう促すのである。また部品メーカーの側も，自動車メーカーとの取引を多面的に発展させるために複数部品の供給を目指すと同時に，技術水準の向上に努めるのである。

　しかし一方で，取引が一度開始されると，上記の危険分散的行為を考慮に入れたとしても，退出障壁あるいは人質は大きくなる傾向がある。それは，取引を通じて，企業間に多様な情報が交換，蓄積されるからであり，加えて情報の共有が取引を円滑化するからである。自動車メーカーとしては，部品メーカーの技術力等を把握することにより，たとえば新車開発等において，開発プロセスを効率的に進められるようになる。部品メーカーも取引を通じて，自動車メーカーの技術力を吸収するとともに，その生産システムや細かな要望等について把握することが可能となり，さまざまな状況下での対応が迅速かつ容易になる。したがって，企業間の取引関係は情報の蓄積と共有により一層緊密化し，その結果，双方にとって，取引相手を替えることの機会費用は禁止的に高まることになる。つまり「取引特殊的投資」が長期にわたる継続的取引を通じて，共有情報をはじめとする「取引特殊的資産」(transaction-specific assets)としての

価値を高めていくといって良いだろう。ここに，長期継続的取引が合理的な選択となるのである。しかも取引費用軽減に向けて日本の自動車産業の選択した生産系列という手法は，アメリカの場合と異なり，分業と特化による便益を享受しつつ，組織の肥大化に伴う弊害を少なくすることを可能にしたわけである。

このような長期継続的取引の合理性は何も自動車産業に限ったことではない。企業間に取引特殊的投資を通じて特殊性の高い資産を形成する必要があるならば，どのような産業においても，取引は継続性をもちやすくなる。しかも資産は物的資産に留まることはなく，人，技術，情報等もまた資産なのである。

2　国際環境の変容

(1)　技術革新の意義

前節では一国経済の諸制度そして経済システムを規定する要因として取引費用を取り上げ，自動車産業の生産系列を例にして，日本型経済システムとその合理性について考察を加えた。それでは，取引費用というものはそもそもどのように決まるのだろうか。本節では，取引費用を低下させる主たる要因として技術革新を取り上げ，近年の情報通信技術の革新が国際環境にいかなる変化をもたらしているのかを概観してみる。

絶えざる技術革新はわれわれの暮らしに，企業活動に，国家の在り方に革命的変化をもたらしている。しかもその潮流は今後加速することはあれ，後退することはあり得ない。振り返ってみれば，鉄道，自動車，航空機などの出現とその普及は，経済資源の主たる移動ないし輸送手段を徒歩という原始的手段から解放し，経済資源の可動性を高める役割を果たしてきた。その結果，かつて孤立して偏在していた個々の経済生活圏あるいは狭隘な市場は一体化されるにいたった。鉄道網，道路網，港湾，空港施設の整備・拡充は，移動手段の発達とあいまって，個々の市場をさらに有機的に結合し，市場はますますその範囲を広げたことになる。それは最終財・サービス市場のみならず，生産要素市場や中間投入財・サービス市場にも及ぶことになる。こうした市場の拡大は，当

然，競争を促進する。なぜならば，市場の拡大が市場参加者を増やすからである。そして市場の拡大はさらなる分業と特化を可能とし，財やサービスの低価格化に向かうのである。端的な例を挙げるならば，大量輸送時代の幕開けとなったボーイング747の開発は，ヒト，モノをより短時間に，より大量に，より安価に，そしてより遠方へと輸送することを可能にした。人びとの活動範囲は拡大し，物流網は地球上の隅々まで拡がった。その結果，たとえば日本の農家は，はるか地球の裏側から日本の食卓に届けられる食材との競争をより一層強いられることになったのである。

　以上のような視点に立って，技術革新というものを考えると，技術革新の果たす大きな役割を図表2－3のように概念化することが可能であろう。つまり技術革新というものは一般に取引費用を下げ，経済資源の可動性を高め，市場を拡大し，分業と特化を促進し，競争を激しくする，といった役割を果たしているのである。

(2) 技術革新の進展

　絶えざる技術革新は取引費用を連続的に低下させてきたが，時として非連続的な変化をもたらす場合がある。産業革命がそうであり，近年では情報通信革命がそうである。情報通信技術の飛躍的進歩により，ますます狭くなりつつあった地球上に存在する人や企業はインターネットを介してネットワーク化され，地球上のあらゆる場所から瞬時に，安価に，しかも大量の情報を発信・受信するに至っている。情報は国境を容易に越え，そのことがまた，国境を越える資本移動を拡大させる基盤を提供している。

　このように，われわれの住む世界では，ヒト，モノ，カネ，情報がより大量に，より短時間に，より広範囲に，かつより安価に移動することが可能になり，こうした革新的技術基盤がわれわれの生活，企業活動，国家の在り方に多大な影響を与えている。

　21世紀の到来を前にして起きた冷戦終結と社会主義諸国の市場経済への参入

といった劇的変化は，まさにこうした時代背景が可能としたのではなかろうか。東西ドイツを隔てていたベルリンの壁は，ヒトやモノの移動を遮断するには有効であった。しかし，通信衛星などを介して流入していた情報を遮断する術はなかった。旧東ドイツ国民は電波により西側の豊かさを知り，豊かさへの渇望は東欧・旧ソ連での逆ドミノ現象を生じさせ，社会主義諸国はなだれを打って民主化・市場経済化へと体制転換を図ったのである。このように，冷戦の終結さえも，技術革新が可能にしたといって過言ではなかろう。市場の拡大は，図表2－3での下方向の矢印で示したように，新たな国際分業と特化を可能にし，競争をさらに激しくしたばかりではなく，同時に上方向へも向かい，経済資源の可動性を高め，取引費用の一層の低下にも繋がり，そのことがさらに，競争の激化をもたらしているのである。

このような技術革新を底流に，しかも世界的な貿易・投資の自由化が進むなかで，かつて国境にその活動範囲を制約されがちであった経済資源はいまや時空を越え，グローバルに活動できる条件を手に入れたのである。企業は活動範囲を飛躍的に拡大させ，生産拠点や研究開発拠点を地球上の最適地へと移転さ

図表2－3　技術革新による影響

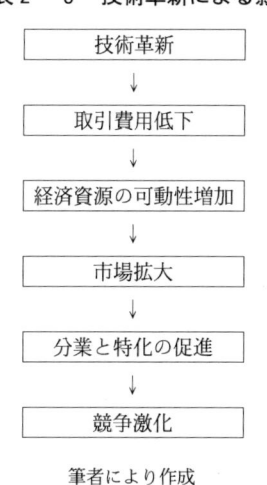

技術革新
↓
取引費用低下
↓
経済資源の可動性増加
↓
市場拡大
↓
分業と特化の促進
↓
競争激化

筆者により作成

せるとともに，各拠点をネットワーク網で有機的に結合し，地球規模での経営戦略を実行するに至っている。国境を越える投資は，いまや貿易を陵駕するまでに増加し，世界経済の成長源となっている。一国経済にとっては，この直接投資をいかに巧みに取り込むかが経済発展の成否を決する一大要因とまで認識され，各国，とりわけ途上国は従来の民族資本育成策を一部修正し，外資優遇策を競って講じている。こうした認識の転換もまた企業のグローバル化を促し，企業をして世界経済の推進力としているのである。

　技術革新を契機とする取引費用の低下は，新興経済地域の興隆にも及んでいる。ミュルダール(G.Myrdal)はかつて，「すべて持てるものは与えられいよいよ豊かならん，されど持たぬものはその持てるものを奪わるべし」という聖書の一句を用いて，先進国と発展途上国間の経済格差は累進的に拡大するとの見方を示した。[21] つまり，先進国はますます豊かになる一方で，途上国は反対にますます窮乏化する，という意味であった。とくにアジアは貧しさの代名詞であった。しかし今日，ミュルダールの見方は少なくとも東アジア地域には当てはまらなくなってきた。経済資源の可動性が高まるなかで，東アジアは目覚ましい経済成長を遂げてきた。まず日本が，次いで韓国，台湾，香港，シンガポールのNIESが，タイ，マレーシア，インドネシア等のASEAN諸国が，さらには中国，ベトナム，南アジアのインドが，といった具合に高成長の主役が次つぎと交替しながら，地域全体に成長の波を伝播させ続けている。「21世紀はアジアの時代」，「アジアは世界経済の成長センター」といった指摘は，1997年のアジア通貨危機により揺らいだものの，東アジア経済は着実に回復に向かっている。

　東アジア地域の，とくに1985年以降の連鎖的経済発展過程において主要な役割を担ってきたのは，多国籍企業による直接投資である。域内各国は先述の通り，民族資本育成策を改め，積極的な外資優遇策へと政策転換する一方で，輸入代替工業化政策と決別し，輸出主導型工業化政策を推進してきた。こうしたなかで，当初は労働集約的産業の生産拠点として，先進国あるいは域内先発国

からの直接投資を集めていたが，技術水準の向上等により，より高付加価値製品の生産拠点へと変貌を遂げつつある。また，域内所得水準の上昇は同地域を巨大な市場へと変貌させている。

(3) **大競争時代の到来**

かつてない規模の競争が，世界中を覆っている。冷戦が終わり，社会主義諸国は一斉に市場経済の世界に入ってきた。発展途上国，とくに東アジア諸国は追いつけ追い越せと先進国の資本，技術を取り込み続ける。技術革新を通じて国と国を隔てていた壁は急速に崩れ，地球レベルの「大競争時代」が到来した。

大競争の語源となった「メガ・コンペティション」とは，1994年2月，スイスのダボスで開かれた世界経済フォーラムで初めて用いられた言葉である。近年のアジアだけでも，70年代末から改革・開放政策に転じ92年から「市場経済化」を掲げた中国，86年から「ドイモイ（刷新）」の旗を掲げその後を追うベトナム，88年，外資規制の大幅緩和に乗り出し開放姿勢を一段と鮮明にしたインドネシア，91年にソ連型の計画経済を放棄したインドと，アジアでざっと25億人が社会主義から市場経済へ，閉鎖型経済から開放経済へと転向したことになる。国家間での先進国資本の取り込み競争，先進国市場あるいは域内市場への輸出競争が激化し，しかもこうした域内後発国，なかでも中国が「巨大で強力な電気掃除機」のごとくアジアへ向かう投資を自国へと吸い込み始めたため，域内先発国は産業のさらなる高度化に積極的に取り組まざるを得ない。また，この巨大な市場では，高成長を背景に所得水準が急速に向上しており，日米欧，そして域内企業が，国家の力を総動員して市場の支配権を激しく競い合っているのである。

経済資源の可動性が高まり，それらがアジア，とりわけ中国へと向かうなかで，先進国は自らの経済構造の高度化・高付加価値化に努めつつ，自国経済の「魅力」を高めようとしている。そのひとつのあらわれがEU，NAFTAをはじめとする広域経済圏ないしは自由貿易圏の創設とその拡大である。それは大

競争時代に対する国家の, しかも先進国側の対応として理解できる。国境を越えてグローバルに企業活動を展開するまでになった企業に対する, 国家による後押しの意味をもっているのであり, また経済資源の取り込み競争に勝利し, 自国及び域内の競争力を高めるためでもある。

　旧社会主義諸国や東アジア諸国が工業製品の輸出拡大を進めている結果, 工業製品の価格競争が世界的規模で熾烈を極めることになる。単純な例を示せば, このような状況下において, 各国で異なる電化製品等の規格や仕様等のために市場が狭い国境で仕切られてしまい, 域内企業が規模の経済性を十分に発揮できないとの認識が欧州で生まれて当然であろう。域内各国での規格や仕様を統一し, 少なくとも欧州全域で同一製品を販売できるようにしない限り, 大競争時代の激しい価格競争に対抗することは難しい。共通通貨も同様である。また, 世界中の直接投資が発展いちじるしいアジアに向かうなかで, 欧州域内の貿易・資本の自由化や諸制度の一元化を進めることで域内投資環境の魅力を高めようとすることは, アジアに向かう直接投資の流れを欧州へと導くことを目指しているのである。

　一方, NAFTA の結成では, 北米企業にメキシコの豊富かつ安価な労働力を直接的または間接的に利用させるとともに, より広範囲な事業展開を可能にすることで, 世界規模で進む価格競争での北米企業の立場を少しでも有利にしようとの意図が反映されている。同時に, 北米市場の魅力を一層高めることで, アジア地域に向かいがちな投資の流れを北米にも向けようといった意図ももっている。

　先進国は, こうした広域経済圏ないしは自由貿易圏を創設し拡大することで, 可動性の高まった経済資源を自らの領域に呼び込み, 自国経済の高度化・高付加価値化を目指しているのである。

3 日本型システムの限界と新たなるシステム

(1) 日本型システムの限界

　国際環境が近年大きく変容するなかで，日本経済への信認が低下し続けている。その直接的要因は，バブル崩壊以降10年以上も経過しているにもかかわらず不良債権の処理が進まないどころか，デフレ下でむしろ拡大していることにある。また財政拡大と金融緩和という総需要拡大策に，日本経済が反応してこなかったことにある。しかしながら，日本経済が抱えている最大の問題は，日本を今日まで発展させてきた経済システムが，近年の国際環境の変容という外的ショックにより，優位性を喪失していることにある。それは，経済というものは一般に「経路依存性」(path-dependence)が高く，低成長下ではとりわけ「レント・シーキング」(rent seeking)が活発になるため，諸制度の変革に強い抵抗を招いてしまうからである。また，フォーマルなルールは直ちに変更できるが，インフォーマルなルールはそうはいかないからでもある。しかし，このまま日本が従来の諸制度に固執している限り，大競争時代に生存可能な新たなる経済システムには移行できない。本節では以下，日本型システムがなぜ優位性を失いつつあるのか，日本が目指すべき新たなシステムとはどういったものなのか，そして本書の共通テーマである経営教育については，大競争時代に適合した人材教育といった視点で，検討していきたい。

　情報通信技術の革新的進化がもたらしたものは，取引費用の低下である。移動・輸送手段の発達が，鉄道網，道路網，港湾，空港施設といったインフラの整備・拡充とあいまって，偏在していた市場を統合し，ヒト，モノといった経済資源の可動性を高めたように，情報通信革命は地球上を情報ネットワーク網により一体化し，情報そして資本の取引費用を下げ，これら経済資源の可動性を飛躍的に高めたのである。情報そして資本はいまや，大量に，瞬時に，そして安価に地球上の隅々にまで時間と空間を超越して駆け回っているのである。情報へのアクセスは大きく改善され，取引費用，なかでも交渉費用と測定費用

は大きく低下していると考えられる。加えて，社会主義諸国の市場経済への参入，民族資本育成から積極的な外資誘致へと転換した途上国の政策転換，日本にとってはとりわけ隣国である中国の改革開放と市場経済導入への政策変化は，共通のルールのもとで取引を進めることのできる市場の範囲を拡大させ，執行費用の低下にもつながっている。

　先の図表2-3で指摘したように，こうした取引費用の低下は経済資源の可動性を高め，最終財・サービス市場のみならず，生産要素市場や中間投入財・サービス市場の市場規模をグローバルに拡大する。その結果，国際分業と特化がさらに促進され，地球規模での大競争時代が到来しているのである。このような歴史的機会を利用するひとつの手段が，直接投資である。

　大競争時代での生存を賭けて，生産拠点を積極的にシフトし続ける企業は途上国での豊富かつ低廉な労働力を新たな生産要素として組み入れることで，あるいはNAFTAやEUをはじめとして拡大し続ける広域経済圏内部に進出することで，最終財の低価格化と国際競争力の強化に向けて邁進している。また技術力を高めた途上国企業に生産を委託する動きも顕著である。もちろん，実力をつけた途上国企業は国際市場での自社ブランド製品のシェアも高めている。その結果，いまや労働集約的財のみならず，高付加価値財までもが，途上国産として国際市場に出回っており，低価格化競争に拍車を掛けている。とりわけ近年は中国への進出ラッシュと中国企業の興隆が目覚しい。このような熾烈な国際競争に対抗するべく，日本企業も対中直接投資や中国企業への委託生産を積極的に進め，自社製品を国内外に供給している。熾烈な国際競争がさらなる低価格化を実現し，対抗上，対中直接投資はさらに拡大するといった状況が続いている。

　このような大競争は当然，先に例示した自動車産業にも及んでいる。地球規模にまで拡大した市場規模でスケールメリットを存分に享受して低コスト化を実現するために，同一メーカー内でも車種によって異なっていた各種部品を複数の車種や他の自動車メーカーとの間で共通化させる具体的な取り決めが進ん

でいる。その結果，部品の汎用性は高まり，取引の特殊性は薄らいでいる。自動車の場合はとくに，今後の有望な市場として中国をはじめとするアジアが注目されていることから，低コスト化への激しい競争が続いている。このような面においては，日本も系列や企業集団といった既存の制度を一部見直しつつ，取引費用の低下という歴史的機会の獲得競争に参戦していると考えられる。

世界の一大生産拠点が中国へと移るなかで，日本が懸念しているのは製造業の空洞化である。空洞化には，国内市場向けの製品が国内生産から海外生産へと移ること，海外市場向け製品が国内生産から輸出国ないしは第三国での生産に移ること，そして経済のサービス化という3つの側面があるが，いずれの側面からみても，日本で空洞化が進んでいるのは明らかである。ただし真の問題は対外直接投資の増加ではなく，日本で産業の高度化・高付加価値化が進んでいないことであり，この国に新たな企業や産業が育っていないことであり，そして対外直接投資と比較して対内直接投資が少なすぎることである。そしてその原因こそ，既存の諸制度を改革できないことにある。

日本の産業構造を一層高度化・高付加価値化していくためには，経済資源をより資本集約的な，より技術集約的な，あるいはより知識集約的な分野へと流動化させていかねばならない。100年後に日本の人口が半減するとの予測を踏まえるならば，そして仮に国外からの移民を受け入れないのであれば，日本の高度化は現在の生活水準を最低限維持するためには不可避的な選択である。

ところが日本の既存諸制度のもとでは，経済資源の可動性は低く，固定的ですらある。系列や企業集団内での長期継続取引に固執するならば，情報通信革命による取引費用の低下を通じてグローバルに拡がった生産要素市場や中間投入財・サービス市場の恩恵を享受できないばかりか，国際競争の後塵を拝することにもなりかねない。

メインバンク制に固執し続けるならば，資本市場の健全な育成が阻まれ，創造的破壊の担い手となるべく新企業の資金調達は依然困難に直面するばかりか，資本市場が本来果たすべき企業ガバナンスの有効性を削ぎ，日本経済の新陳代

謝は進まない。株式の持合いや系列，企業集団の維持もまた同様に資本市場の育成を阻み，成長分野への経済資源の流動化を抑制しかねない。

そして終身雇用に固執し続けるならば，成長分野への人材流動化は停滞し，労働力人口の減少と高齢社会の進展で今後積極的な活用が必要とされる女性や高齢者を活かし切ることもできない。もちろん，上記制度は現在かなり変貌を遂げてきたことも事実であるが，さらなる改革が必要であり，それなくして成長分野に経済資源を流動化させ，日本の産業構造を高度化することはできまい。その時，空洞化はまさに現実となる。

また経済資源の可動性の増した世界では，世界中の経済資源をいかに自国に引き寄せるかが一国経済の成否を握る。とくに先進国の製造業の場合は，労働集約的分野はもとより，資本，技術，知識集約的分野までもが，中国をはじめとする途上国にも生産拠点をシフトし始めており，NAFTAやEUのような拡大経済圏の創設をもってしても，経済資源の外部への流動化は続いている。その時，産業の高度化・高付加価値化とともに，新企業・新産業の育成と対内直接投資の受け入れ拡大は極めて高い重要性をもつことになる。世界中の経済資源を日本に向けて磁場のように引き寄せることができるならば，この地に続々と新しい企業が生起し，新産業が興隆し，この地を創造的破壊の発信地としてくれよう。またさらなる対内直接投資が向かってくるならば，雇用拡大とともにさまざまな革新がもたらされよう。世界中の経済資源を引き寄せる魅力こそ，大競争時代には戦略的重要性をもつ。一例を挙げるならば，資本の可動性は現在極めて高く，貯蓄率が高ければその国は成長できると考えるのは過去の話でしかない。貯蓄率が高くても自国内で活用できなければ，成長にはつながらないのである。

それでは日本を新規企業，新産業が続々と誕生し，外資が続々と流入する国へと改めることは可能だろうか。残念ながら既存の制度に固執している限りは難しい。終身雇用は新企業や新規参入を果たした外資系企業への人材の流動化を阻むからである。またメインバンク制，系列，株式持合いは国内資本市場育

成を阻み，評価の容易な担保をもたない新規企業の資金調達を難しくし，創造的破壊の担い手となるべき新規企業や新規産業の成長を抑制しかねないからである。また世界中でNAFTAやEUといった地域内の自由貿易圏ないし広域経済圏が創設され，拡大していくなかで，日本だけが依然として近隣諸国と自由貿易圏の創設に消極的なままであれば，経済資源は日本に向かうどころか，日本からますます離れていきかねないからである。

このように，国際環境が大きく変容したなかで，日本が既存の制度，そして日本型システムに固執し続けるならば，日本経済の競争力は低下し続けるだけである。

(2) 新たなる経済システムを求めて

21世紀に向けて日本経済をどのように変革すべきか。それは，従来の経済シ

図表2－4

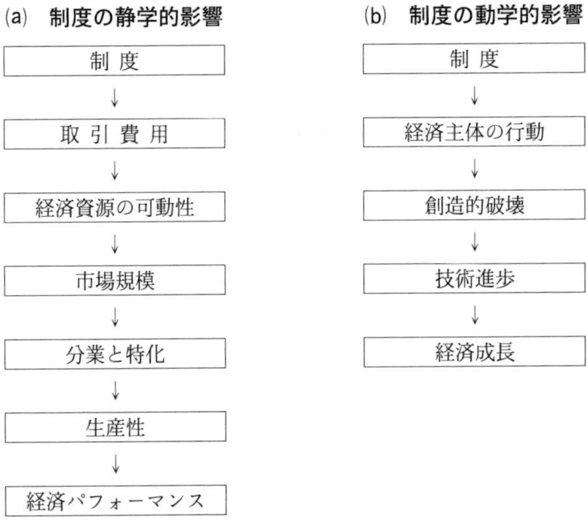

(a) 制度の静学的影響

制度
↓
取引費用
↓
経済資源の可動性
↓
市場規模
↓
分業と特化
↓
生産性
↓
経済パフォーマンス

(b) 制度の動学的影響

制度
↓
経済主体の行動
↓
創造的破壊
↓
技術進歩
↓
経済成長

出所）Timothy J. Yeager, *Institutions, Transition Economies, and Economic Development* (Boulder, Colo.: Westview Press, 1999), p.36, p.50.を修正のうえ作成

ステムを，大競争時代に生存可能な新たなシステムへと転換することに他ならない。そして，そのためには一国経済のサブシステムを構成する諸制度を改めていかねばならない。スティグリッツ(Joseph E. Stiglitz)は，次のように述べている。

「諸制度というものは……(中略)……経済成長のエンジンを強めることも弱めることもある。諸制度の欠陥は経済成長への重大な欠陥なのである」[23]。

制度が一国経済へ与える影響を静学的および動学的に概念化したものが，図表2－4(a)，(b)である[24]。静学的ケースでは，技術水準により潜在的には決定される取引費用だが，先述の生産系列のように，制度の構築により実際の取引費用を変化させることができる。取引費用は，次に経済資源の可動性の度合いを，そして市場規模を決定するのである。そして市場規模に合わせて，分業と特化の度合い，一国の生産性，最終的に経済パフォーマンスを規定すると考えられる(図表2－4(a))。現在の日本に当てはめると，既存の制度が大競争時代に対応できていないために，経済パフォーマンスが不充分なものになる。一方，制度の役割を動学的に捉えるならば，制度は個々の経済主体の行動に働き掛けながら，一国経済を創造的破壊，技術進歩，経済成長へと導いていくと概念化できる(図表2－4(b))。

それでは日本が今後目指すべき新たな経済システムとはどのようなものであるのか。先進国である日本にとって，経済の高度化・高付加価値化を目指すことは当然である。より資本集約的な，より技術集約的な，そしてより知識集約的な経済構造へと不断にシフトしていかねばならない。しかも既存のものを「どう作るか」ではなく，「何を作るか」という段階であろう。未知のものを生み出すのは，極めてリスクが高く，失敗も多くなる。そうしたリスクを軽減し，かつそのリスクに向き合っていくには，この地に，世界中から有能な人材が集い，リスクマネーを含む潤沢な資金が供給され，世界中の知が結集していかね

ばならない。世界中の経済資源をこの地に磁場のごとく引き寄せて，この地を創造的破壊の発信地とする必要がある。その時に問われるのは，日本の魅力である。

また，個々の経済主体を創造的破壊に導いてくれる新たな制度が必要となるが，それは，企業や個人が自己責任のもとで自由に創意工夫を働かすことのできる，自由度の高い市場経済システムであらねばならない。経済成長の推進源は企業であり，その企業が政府の諸規制や従来からの慣行に縛られることなく，企業活動を自由にしかもグローバルに展開できるような環境を整備していかなければならない。また個人が企業家精神を十二分に発揮できるような環境も必要である。そのためには努力や成功に十二分に報いることのできる，また失敗しても直ぐに立ち上がれることのできる枠組みが必要である。

政府が具体的に為すべきことは何であろうか。既存の制度を改めるといっても，ここで取り上げてきた制度はいずれも成文化されたフォーマルなルールではなく，インフォーマルなものに過ぎない。ということは，政府の役割は既存制度の改革を推進し，上述のような方向に日本を変えていくような諸策を講ずることになる。以下，とくに重要と思われる点を6つだけ指摘しておく。

a．将来ビジョンの提示
b．取引費用の一層の引き下げ
c．国内資本市場の育成
d．努力や成功に報いる税体系などの構築
e．人材教育
f．セーフティーネットの拡充

まずは，日本が今後進むべき方向性を明確に国民に示すことが必要である。経済資源の可動性が増すことは，そしてグローバル化が進むということは長期的には大きな利益につながるものの，短期的にはさまざまな弊害も想定される。

経済資源間の可動速度の違いは，可動速度の最も遅い人間に大競争時代の負の側面を押し付けやすい。1997年のアジア通貨危機が典型である。「資本の移動に労働が取り残される場合のように，生産要素間で移動速度に差があると，過渡期の調整コストは移動できない生産要素にかかってくる。ところが移動できない生産要素，すなわち土地の上に乗っている人口こそ，政治の単位である選挙区だ」[25]との表現は的を射ている。グローバリズムへの反感とレント・シーキングとが一体となれば，制度変革への道のりは閉ざされてしまう。同時に，日本の将来への道のりも閉ざされてしまうのである。将来ビジョンを提示し，制度改革への付託を広く国民から得ることが，まず重要である。

　第2は，取引費用をさらに引き下げることである。取引費用の一層の引き下げにあたっては，物流の時代に道路，鉄道，港湾などのインフラ整備・拡充を急いだように，情報通信の時代には情報インフラの整備・拡充が，そしてそのための関連する法的整備が不可欠である。また情報開示の徹底や義務を怠った者に対する罰則の強化も当然必要となる。さらに競争環境の促進が取引費用の一段の低下につながることからも，規制の緩和に一層取り組み，国内の高コスト構造を改めていかねばならない。加えて近隣アジア諸国との自由貿易圏の創設まで視野に入れていく必要もあるのではないか。

　第3は，新規の起業を促進し，新企業を続々と誕生させ，そして日本を創造的破壊の発信地とするために，資金面から重要な役割を担うべき国内資本市場の育成である。創造的破壊の芽となるような新しいアイデアや技術に資金を与えていくためには，間接金融は不向きである。また間接ないしは直接金融のどちらか一方に経済が過度に依存していると，バブル崩壊後の日本がそうであったように，一方のチャネルが詰まった時に，金融市場全体が機能不全に陥ってしまう危険性がある。そういった意味からも直接金融を間接金融に代替しうる水準にまで育成していかねばならない。そのためには，資本市場の育成を阻み，成長分野に本来は向かうべき資金を吸収してしまっている特殊法人を民営化することや，肥大化した郵貯の分割民営化などを急ぐべきであろう。

第4は，日本をやはり創造的破壊の発信地へと導いてくれるような税体系などの構築である。努力した者が，そして成功したものが今まで以上に報われるような枠組みができ上がるならば，努力への，そして成功へのインセンティブは大きく高まるはずである。日本の所得税・法人税の最高税率は一時的に欧米並みまで低下したものの，再び割高になっている。可動性の高まった経済資源を呼び込むためには，最高税率をさらに引き下げるとともに，累進構造を一段と緩和し，より簡素でフラットな税体系を目指していく必要がある。また資本利得に対する課税はやはり二重課税との批判を免れず，今後資本市場の育成を考えるならば，撤廃も視野に入れたうえで検討を加えるべきである。こうした結果が財政赤字のさらなる悪化を招くならば，課税最低限の引き下げや消費税率の引き上げもやむを得まい。同様に，知的財産権の保護に向けて，一層の法的整備を進める必要もある。

第5は人材教育であるが，ここでは省略し，この点については(3)にて述べることとする。

最後の第6は，セーフティーネットの拡充である。先述のように，経済資源の可動性が高まると，可動速度のもっとも遅い資源である人間にさまざまな弊害が及んでくる。一方で，可動性の増加は規制緩和の徹底，資本市場の活性化，税体系の簡素化・フラット化などとあいまって，経済の新陳代謝を活発化しよう。その時，とくに雇用面でのセーフティーネットの拡充は必要となる。ただし，それは雇用の成長分野への流動化を促すための弾みとなるものでなければならず，そのためには職業教育とセーフティーネットとの今まで以上の連携が必要となる。

以上，6点に絞って，既存制度の改革を促し，新たな経済システムへの移行を可能とするような諸策を，その方向性に関して，大雑把に提示してみた。

(3) 大競争時代の人材教育

先に第5点として挙げた人材教育についてであるが，この点は本書の共通テー

マである経営教育に深くかかわっているので，かつその重要性を鑑みて，本章の最後で述べることとする。

　日本が産業構造の高度化・高付加価値化に邁進していかねばならない以上，そして百年後に人口半減が予測されるなかで，現在の生活水準を最低限維持していかねばならない以上，人材教育の方向性は明確である。人的資源を常に高度化し，成長分野への流動化を促していかねばならない。そうでなければ，労働市場にミスマッチが生じ，経済の高度化は立ち往生せざるを得ない。

　日本が戦後目覚ましい発展を遂げることのできたひとつの理由として頻繁に指摘されてきたのは，労働力の質的向上である。初等教育と並んで，企業内での多種多様，かつ実践的な教育訓練が果たしてきた役割は高く評価されてきた。企業が人材の教育訓練に積極的に投資し続けてこられたのは，労働者が長期にわたり同一企業に定着してきたがゆえに，人的投資の採算がとれたからでもある。また，どの企業であってもその企業にのみ有用な「特殊」技能や知識が要求されるものの，そうした能力をもった人材を市場で獲得することが困難なために，企業内部での育成に努めることになるのである。

　経済資源の可動性が高まった大競争時代になると，状況は変わる。情報通信技術の発達を通じて，取引費用が下がることで，企業側はより少ない費用で求める人材を見つけ出せるようになる。働く側も同様である。また，それ以上に大きな影響を及ぼすと思われるのは，市場規模の拡大から導き出せる分業と特化の一層の進展である。分業と特化が進めば，職業の専門性は一層高まり，各企業での職務内容の特殊性は薄れていくことになるのではないか。また，そのことは転職市場を拡大し，雇用の流動化をここからも促進することになるのである。

　雇用の流動性が高まると，企業内の教育訓練投資は採算性が悪化し，企業は人的投資に消極的になっていかざるを得ない。しかし一方で人的資源の高度化を怠るならば，企業はもとより，日本経済の高度化・高付加価値化は進まない。それでは一体誰が教育訓練の担い手になるのであろうか。教育訓練は企業内部

から企業外部へと，その比重を移していくと思われる。その時，教育訓練の担い手となるのは，大学・大学院といった高等教育機関であり，専門学校であり，教育訓練をビジネスとする民間企業や公的機関となろう。そして，これら機関が高度で専門性の高い教育訓練を供給していくようになるには，この分野での規制緩和こそ徹底して進めていくことが必要となる。教育訓練市場に民間企業が続々と新規参入を果たし，また海外の高等教育機関もそれに続くことができれば，人材の一層の高度化・高付加価値化への大きな一助となるはずである。

　以上のような取り組みを通じて既存の諸制度の改革を促し，新たな経済システムを築いていかない限り，大競争時代に立ち向かっていくことはできまい。それができなければ，日本経済は活力を失い，可動性の高まった経済資源は日本から離れていくことになろう。

注）
1）　本章は今まで発表してきたいくつかの論文を，取引費用と新制度派経済学という新たな視点を軸にして再構成したものである。本章の基盤となった拙稿4点を以下に記しておく。
　　拙稿「「日本型産業システム」の合理性を巡って―長期雇用の合理性と労働市場の多様化について―」『和光経済』第26巻第1号，和光大学社会経済研究所，1993年9月25日，pp.111-130。同「「系列」の合理性を巡って―「生産系列」を中心にして―」『和光経済』第26巻第3号，和光大学社会経済研究所，1994年3月25日，pp.73-93。同「「東アジアの奇跡」と日本経済」『和光経済』第27巻第2号，和光大学社会経済研究所，1995年1月30日，pp.109-132。同「大競争時代の新たなる経済システム」『和光経済』第30巻第2, 3号，和光大学社会経済研究所，1998年3月25日，pp.45-59。
2）　Coase, R. H., "The Problem of Social Cost," *Journal of Law and Economics*, vol.3, October 1960, pp.1-44.（宮沢健一・後藤晃・藤垣芳文訳『企業・市場・法』東洋経済新報社，1992年)
3）　Yeager, T. J., *Institutions, Transition Economies, and Economic Development*, Boulder, Colo.: Westview Press, 1999, pp.26-27.
4）　Coase, *op.cit.*, p.15.（前掲『企業・市場・法』pp.8-9）
5）　Akerlof, G.A., "The Market for 'Lemons': Quality, Uncertainty, and the

Market Mechanism," *Quarterly Journal of Economics*, vol.84, Spring 1970, pp.488-500.
6) 奥野(藤原)正寛・滝沢弘和「いま,なぜ「比較制度分析」なのか」『経済セミナー』日本評論社,1996年3月,pp.6-7
7) Yeager, *op.cit.*, p.9.
8) 前掲『経済セミナー』p.6
9) Okun, A. M., "The Invisible Handshake and Inflationary Process," *Challenge*, January-February 1980, pp.5-12.
10) Kennett, D., *A New View of Comparative Economic Systems* (Orland, Fla. : Harcour, 2001), pp.5-6.
11) 非金融200社へのアンケート調査に基づく。なお,生産財は原材料,燃料等,資本財は機器,設備等を指している。公正取引委員会事務局編『我が国企業の継続的取引の実態について』1987年,pp.2-3
12) 公正取引委員会事務局編『自動車部品の取引に関する実態調査』1993年,p.24
13) 同上,pp.24-25
14) 以下の文献を主として参考にしている。浅沼萬里「日本におけるメーカーとサプライヤーとの関係」『経済論叢』第145巻第1,2号,京都大学経済学会,1990年,pp.1-45。三輪芳朗『日本の企業と産業組織』東京大学出版会,1990年。伊藤元重「企業間関係と継続取引」(今井賢一・小宮隆太郎編『日本の企業』東京大学出版会,1989年),pp.109-129
15) H.ライベンシュタインは,組織の肥大化と競争の欠如は労働モラールを低下させ,X-非効率性を発生させると考えた。H. Leibenstein, *Beyond Economic Man*, Cambridge, Mass. : Harvard University Press, 1976.
16) Williamson, O. E., *Economic Organization : Firms, Markets and Policy Control*, Brighton, UK : Wheatsheaf Books, 1986, p.101.
17) 前掲「日本におけるメーカーとサプライヤーとの関係」p.23
18) 「退出障壁」という言葉は,もともとは労使が継続的雇用関係から退出する際の障壁をあらわすものとして用いられているが,ここでは系列に置き換えている。加護野忠男・小林孝雄「資源拠出と退出障壁」(前掲『日本の企業』),p.80
19) Williamson, O. E., "Credible Commitment : Using Hostages to Support Exchange," *American Economic Review*, September 1983, pp.519-540.
20) Klein, B., Crawford, R.G. and A. A. Alchian, "Vertical Integration, Appropriable Rents, and the Competitive Contracting Process," *Journal of Law*

and Economics, October 1978, pp.297-326.
21) Myrdal, G., *Economic Theory and Underdeveloped Regions,* New York: Harper & Row, 1967, p.12.（小原敬士訳『経済理論と低開発地域』東洋経済新報社，1959年，p.12）
22) 経済企画庁編『経済白書（平成6年版）』大蔵省印刷局，1994年，p.279
23) Stiglitz, J.E., "Social Absorption Capability and Innovation," in *Social Capability and Long-Term Economic Growth,* ed. by Bon Ho Koo and Dwight H. Perkins, New York: St. Martin's Press, 1995, p.51.
24) Yeager, *op.cit.,* p.36, 50.
25) 香西泰「経済教室：ミレニアム新時代を切り拓く：「開かれたアジア」に未来：グローバル化推進：「創発力」で日本は主導を」『日本経済新聞』2000年2月21日日刊

参考文献

青木昌彦・奥野正寛編『経済システムの比較制度分析』東京大学出版会，1996年

今井賢一・小宮隆太郎編『日本の企業』東京大学出版会，1989年

Coase, R. H., *The Firm, the Market, and the Law,* Chicago: University of Chicago Press, 1988.（宮沢健一・後藤晃・藤垣芳文訳『企業・市場・法』東洋経済新報社，1992年）

North, D. C., *Institutions, Institutional Changes, and Economic Performance,* New York: Cambridge University Press, 1990.（竹下公視訳『制度・制度変化・経済効果』晃洋書房，1994年）

Kennett, D., *A New View of Comparative Economic Systems,* Orland, Fla.: Harcour, 2001.

Yeager, T. J., *Institutions, Transition Economies, and Economic Development,* Boulder, Colo.: Westview Press, 1999.

第3章
日本企業のアジア展開と国際経営教育
──地域経済圏を中心として──

1 日本企業の海外投資とアジア地域経済圏

(1) 日本企業の海外投資の推移

　日本の海外投資は1970年代初頭まであまり活発でなかったが，71年のニクソン・ショックを契機に本格化した。1ドル＝360円から308円に切り上がったため，日本の輸出産業は苦境に陥り，これに対応して日本企業の海外進出が本格化した。この時期の海外投資は，輸出市場を守るためやむなく海外に進出したため，本拠地は日本に残しており，小規模な合弁形態が中心であった。

　70年代後半，2度の石油ショックを乗り切るため，日本企業は輸出を増大させ，貿易摩擦が激化した。アメリカとは60年代から繊維製品の貿易摩擦が起こっており，72年日本の輸出自主規制により，日米繊維交渉は決着した。このことがNIES諸国(韓国，台湾，香港)の繊維産業の発展に影響を与えた。貿易摩擦は鉄鋼から電気製品，自動車へと及び，対米だけでなく対欧州とも激しくなった。日本側は輸出を自主規制したが，問題は解決せず，80年代になると現地生産を進めることとなった。

　85年のプラザ合意により円高ドル安が進むと，製造業の海外進出が激増することとなり，アジアは生産拠点としての性格が鮮明となった。日本企業のアジア向け投資は，82年〜90年まではアジアNIES諸国が5割以上を占めていた。しかしNIES諸国の所得増，通貨高によるコスト上昇により，安価で豊富な労働力を求めて海外投資する日本企業にとって，NIES諸国は投資先としての魅力が薄れていった。90年代以降，新しい投資先としてASEAN諸国と中国の

重要性が増している。アジア向け投資は製造業の占める割合が5割以上で，製造業のなかでも電気機械，機械機器，輸送機械の3業種の占めるシェアが40％〜60％に達している。現在は，当初の輸出基地としての投資から国内市場を目的とした投資も増加している。近年，中国への投資が激増しており，これはASEAN諸国から中国へと投資を振り替える企業が増えていることも原因のひとつである。

　日本企業のアジアへの進出は数万社にのぼるといわれるが，企業進出が増えれば増えるほど，経営上のトラブルや労働紛争が発生することも避けられない。進出側が現地の制度とその変化をより深く理解しなければ，誤解と摩擦が続くばかりである。

(2) 日本企業のアジア投資の特徴
1) 完全所有志向戦略と合弁志向戦略

　日本企業のアジア投資の特徴を述べる前に，企業が海外直接投資をする際の所有戦略をみる。所有戦略には完全所有志向戦略と合弁志向戦略がある。

　以下のような戦略をとる企業は，完全所有ないし多数所有により強い統制を志向する。

① マーケティング志向戦略；差別化された商品に対して，統一的なマーケティング技法を世界的に使用する戦略
② 生産合理化戦略；生産コストを低減するために，世界的な視野に立って生産設備の合理化・集中化(企業内分業)を優先する戦略
③ 原料支配戦略；原料・資源の生産に対する国際的寡占企業の戦略
④ 研究開発志向戦略；新製品開発志向型企業の戦略

次のような戦略をとる場合は，合弁企業を志向する。

① 製品多角化戦略；多角的な製品ラインをもつ企業は，製品ライン別のチャネルをもつよりも，現地の既存チャネルを利用する
② 小規模企業戦略；海外事業のための資本，経営能力の不備を現地パート

ナーとの提携によって解決する戦略
③　現地パートナーが原料・資源を生産している場合；原料・資源の入手が現地進出の前提条件となる

2）日本企業のアジア投資の特徴の変化

　海外投資が本格化し始めたときにアジア諸国へ進出した日本企業は，輸出市場を守る目的の企業が多数だったので，小規模な少数所有の合弁形態が多かった。また，日本の製造業は当時海外進出のノウハウをほとんどもたなかったため，商社に先導された進出であった。しかし，アジア諸国での合弁企業は日本側の少数所有であっても，日本側が経営上の優位をもつ場合が多い。その理由は，①日本側の出資比率が50％未満であっても，アジアの現地側パートナーは日本側に対して技術，生産，マーケティング等の依存度が高いためである。日本企業は，所有以外のこれらの要因の支配力から経営上の優位性をもつ。②韓国を除く，アジアでの日本企業の現地側パートナーは華人が多く，この華人資本の特質のためである。華人資本は商業資本家的性格が強く，短期的視点から利益や投資を最大化しようとしたり，投機的行動をとりがちである。また，華人は販売を重視し，技術，生産の重要性に対する認識が低い。華人資本は合弁パートナーの外国資本への強い依存性・従属性があり，そのため日本側は経営上の優位性をもつことができる[1]。

　近年，日本企業の所有形態は大きく変化した。アジアでの完全所有は70年代の11％から33％へと増加し，多数所有を加えると6割近くになる。もう一つの特徴であった商社参加型合弁も大きく減少している。大規模製造企業は海外生産を通じて海外生産のノウハウを蓄積したため，海外で事業をするにあたり，商社の助けを借りる必要性が減った[2]。自社だけで海外に製造子会社を作って経営できるようになったからであるが，中小製造企業は依然として商社参加型で海外進出することが多い。

(3) アジア地域経済圏の形成

1990年代に入り，世界の投資・貿易システムは，グローバルな自由貿易の促進と，ヨーロッパ連合(EU)，北米自由貿易協定(NAFTA)，アジア太平洋経済協力会議(APEC)，ASEAN自由貿易地域(AFTA)などの地域経済ブロックの強化，形成が同時並行的に進行した。これらの政府間の公的な地域協力・統合が進展するなかで，アジア地域経済圏が自然発生的に形成，構想されてきた

図表3－1　アジアの地域経済圏

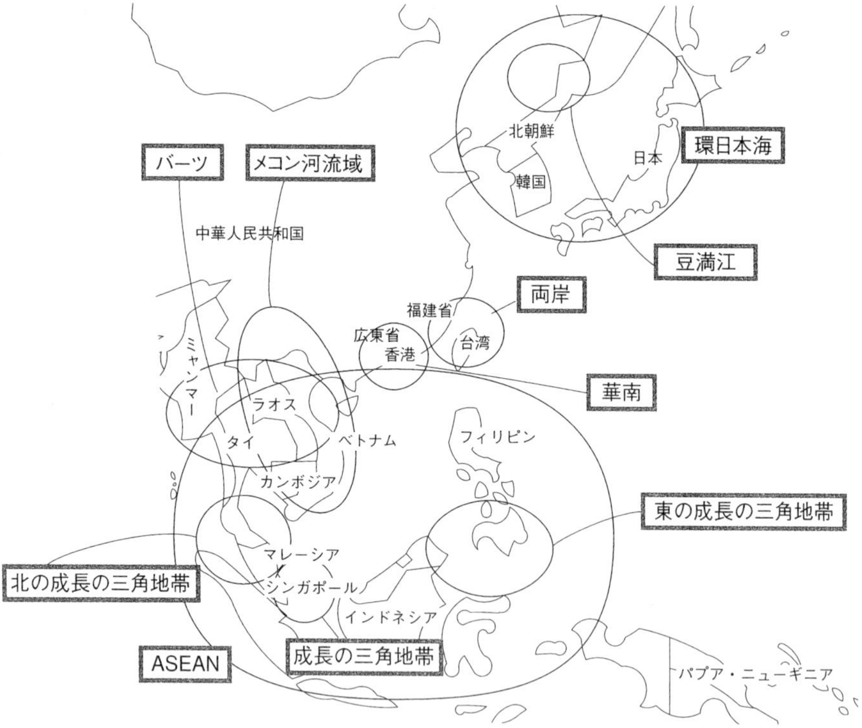

出所）岩崎育夫『現代アジア政治経済学入門』東洋経済新報社，2000年，p.186

第3章 日本企業のアジア展開と国際経営教育

図表3－2　アジアにおける地域経済圏，経済協力機構

名　　称	構　成　国　・　地　域
華南経済圏（狭義）	香港，中国広東省
両岸経済圏	台湾，中国福建省
華南経済圏（広義）	香港，台湾，中国南部沿海地域
環日本海経済圏	日本，中国東北部，極東ロシア，韓国，北朝鮮
図們江（豆満江）開発計画	中国東北部，極東ロシア，北朝鮮
環黄海経済圏	中国，北朝鮮，韓国，日本
環渤海経済圏	中国，（北朝鮮），韓国
東南アジア諸国連合（ASEAN）	タイ，シンガポール，マレーシア，インドネシア，フィリピン，ブルネイ，ベトナム，ラオス，ミャンマー，カンボジア
成長の三角地帯（シジョリ）	シンガポール，マレーシアのジョホール州，インドネシアのリアウ州
北の成長の三角地帯	タイ南部，マレーシア北部，インドネシアのスマトラ島
東の成長の三角地帯	マレーシアのサバ・サラワク，インドネシアのカリマンタン・スラウェシ，フィリピンのミンダナオ島，ブルネイ
バーツ経済圏	タイ，ベトナム，ラオス，カンボジア，ミャンマー
メコン川流域開発	中国西南部，タイ，ラオス，カンボジア，ベトナム

(図表3－1)。アジア地域経済圏は冷戦イデオロギー対立の終焉にともなう政治的緊張緩和とアジア社会主義国の資本主義的開発への転換，それにNIES諸国が生産基地を周辺諸国に拡大していく発展の段階と密接なかかわりをもって形成された。NIES諸国の発展段階に着目すると，アジア経済圏の形成はNIES発展の近隣諸国へのスピルオーバー効果ということもできる。

2 北東アジアの経済圏と日本企業

(1) 中国

北東アジアには経済圏がいくつかあるが，すべて中国の経済発展にともなって周辺の諸国と形成されているため，まず中国の経済発展をみる。

1) 改革・開放政策の展開

近年急速な経済発展を続けている中国で，その契機となったのは1970年代末の改革・開放政策への大転換であった。まずそれ以後現在までの中国の歩みを振り返る。

中国では文化大革命終息後の1978年末に開催された中国共産党11期3中全会で，経済改革と対外開放を経済戦略の2大方針にすえ，毛沢東時代の経済システムの転換をはかった。

初期の経済改革は農村部で行われ，人民公社が解体され，農家請負制が実行された。対外開放の面では，広東省と福建省に深圳，珠海，厦門，汕頭の4つの経済特(別)区が開設され(後に海南島も指定された)，外資誘致のため各種の優遇措置が与えられた。80年代中期になると，市場経済化推進の方針が打ち出され，改革の重点は都市に移った。また，沿海部の14都市が対外開放された。80年代後半になると，私営企業の存在や株式配当が合法化され，開放地区が沿海地域全域に拡大された。この時期，急激な経済成長にともない，猛烈なインフレとなり，さらには政治的民主化を要求するデモを鎮圧した天安門事件も起こった。天安門事件に対する西側の経済制裁により借款などの面で影響は出たものの，華人資本を中心に外資の進出は好調であった。1992年初頭，深圳を訪

問した鄧小平はいわゆる南巡講話で一層の改革・開放を促した。この南巡講話によりそれまでの改革・開放論議に決着がつき，市場経済化が決定した。93年11月の中共14期3中全会で社会主義市場経済体制は，政府のマクロ・コントロールの下で市場が資源配分に対して基本的機能を発揮するようなメカニズムを構築することを目指している。対外開放では，長江（揚子江）中下流都市が開放（沿江開放）され，また国境都市も開放（沿境開放）され，全方位開放の段階に入った。さらに，保税区や経済技術開発区も各地に設置された。97年には香港，99年にはマカオが返還された。

2）企業改革と外資系企業

次に，経済改革にともない，中国の企業体制がどのように変化したかをみることにする。中国での企業の分類と実態は図表3－3のとおりである。社会主義計画経済を代表する国有部門はすでに総生産額の30％以下となっており，集団部門（郷鎮企業等），私営企業およびその他（外資系企業等）が過半数を占めている。非国有部門はここ数年20～40％の高度成長を遂げ，中国経済を牽引して

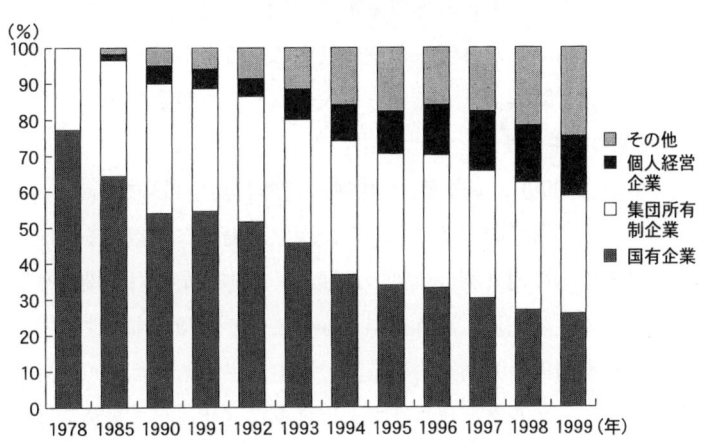

図表3－3　中国の企業種別工業生産額の推移

出所）渡辺利夫，向山英彦編『中国に向かうアジア　アジアに向かう中国』東洋経済新報社，2001年，p.190

いる。現在，国有企業の半分は赤字といわれ，国有企業改革が中国経済のもっとも深刻な問題となっている。国有企業問題を解決するために，株式制，企業合併・買収，外資との合弁などさまざまな方式を導入している。集団部門の中心の郷鎮企業は，主に農村部で農民個人または農民の集団が組織的に設立し，運営している企業のことである。郷鎮企業の総生産額は農村社会生産額の7割に及んでいる。郷鎮企業は軽工業では急成長を遂げたが，技術・経営管理・国際化が遅れているため，最近やや勢いを失いかけている。現在は都市の私営企業の発展が著しい。

　外資系企業は合弁企業，合作企業，独資(100％外資)企業に分類される。外資系企業の中国経済における地位は年々高まっており，外資系企業なくして中国経済の発展は不可能といっても過言ではない。10万社以上の外資系企業が操業しており，1,600万人の雇用を創出している。また中国の貿易依存度は40％と高いが，外資系企業が輸出の29％，輸入の46％を占めている。さらに，対アジア地域との貿易額が中国の貿易総額に占める比重は60％に達しており，日本とが20.2％，香港とが17.7％，台湾とが6.9％，韓国とが4.9％となっている。このように中国では経済における外資系企業の比重は高く，またアジア諸国との経済関係も深い。さらに，外資系企業の進出は，資金が導入されるだけでなく，先進的な技術や経営管理のノウハウも導入されることが期待されている。

3）日本企業の対中投資

　日中間の貿易は300億ドルに達し，中国の対外貿易の40％を占め，第1位である。日本にとっても，中国はアメリカに次ぐ市場となっている。1985年以降，加速した円高と中国の対外開放政策の進展は，日本企業の対中投資を促進し，中国は有力な海外生産工場，海外拠点となっている。78年末の改革・開放以来，80年代は繊維，家電等の労働集約型産業の進出が主であった。90年代に入ると，流通・小売，電子・エレクトロニクス，自動車などサービス業から高付加価値産業や総合組立産業にまで範囲が広がっている。また，80年代までの対中進出の動機は，中小専門企業による「輸出のための生産拠点」という位置付けが主

流だった。その背景には円高への対応と国際競争力の確保があった。そこで，進出地域も香港に近い広東省を中心とした華南地域や日本人にとって親近感のある大連を中心とした遼寧省が主であった。しかし，90年代，とくに92年の鄧小平の南巡講話以後の中国ブームになると，大企業の進出が盛んになり，中国の国内市場への参入を目的とした投資が増加している。それにともない，上海を中心として江蘇省や浙江省などの華東地域や北京，天津，山東省などの華北沿海地域への進出が増加している。

(2) 華南経済圏と両岸経済圏

中国南部沿海地域の広東省・福建省・海南省，それに香港，台湾で形成される経済圏を広義の華南経済圏とよぶが，ここでは香港と広東省で形成する狭義の華南経済圏と台湾と福建省との両岸経済圏について述べる。

1) 華南経済圏—香港・中国経済の一体化

改革・開放の始まった1970年代末から現在までの香港からの中国投資は，以下の2つの段階に分けることができる。第一段階は1992年の鄧小平の南巡講話前までである。香港が高度経済成長したため，賃金・地代が上昇したことにより，生産コスト削減が急務となった。そこで，主に隣接する広東省に香港製造業の生産拠点が移転した。これは労働集約型の中小企業が中心であった。第二段階は南巡講話以後で，それまで対中投資に慎重だった香港財閥が大陸での大型プロジェクトに乗り出した。一方，中国の対香港投資も活発になり，イギリスをぬいて第1位となった。中国系企業(レッドチップスとよばれる)の香港投資の目的は，①香港から大陸へ再投資することで外資系企業として中国で税制面の優遇措置を得る，②国際化の拠点を得る，③資金調達を行うこと，などである。このように中国と香港の経済的一体化は進みつつある。経済的一体化は相互にとって経済成長の原動力であったと同時に，資本の相互乗り入れは，中国華南地域の香港化(グレーター・ホンコン)という現象を生じた。香港の製造業は前店後廠とよばれる，マーケティングや商品開発を香港で行い，広東省で

生産・加工する分業体制となっている。香港企業は広東省で400万人以上の雇用を創出しているといわれる。

香港の対中投資は,世界全体からの対中投資の6割を占めている。しかし,この数字には,香港が仲介した第三国企業の投資を含んでおり,すべてが香港地場企業による投資ではない。地場企業による投資には,前述した中小企業を主体とする製造業投資と大企業を主体とする非製造業投資とがある。大企業(財閥)は都市開発や高速道路建設のようなインフラ整備事業などに投資している。一方,仲介投資には台湾企業のように政治的要因から香港を経由するものと先進国企業や東南アジア華人企業のように香港のサービス・インフラを活用して中国に進出しようとするものとがある。日本企業も香港のサービス・インフラを活用して中国に進出する企業が増えている。

2)両岸経済圏―福建省から広東省,華東へ

1949年共産党との内戦に敗れて国民政府が台湾に拠点を移して以後,今日まで台湾と中国との政治的対立は続いているが,経済的関係は深まっている。現在台湾からの投資は,中国への直接投資のなかで,金額は香港に次いで第2位である。台湾当局の三不政策(中国とは接触せず,交渉せず,妥協せず)により中国への直接投資は禁止されているが,80年代後半に入ると,台湾企業からの直接投資は激増する。その原因は主に以下の2つである。第1は,持続的な賃金上昇に加えて,86年以降台湾元の為替レートが米ドルに対して大幅に切り上げられたため,海外投資意欲は急速に高まり,とくに労働集約型の輸出産業が賃金水準の低い中国への投資を本格化させたこと。第2は,1987年に外貨管理の大幅な緩和と大陸への里帰り訪問を解禁したため,台湾当局は台湾企業が中国に投資することを阻止する手段を失ったことである。

1992年の鄧小平の南巡講話以後,台湾企業の中国投資が大きく変化した。第三国への輸出を目的としていたときは,投資の規模は小さく,立地は対岸の福建省に集中し,産業は労働集約型の製造業が中心だった。これらは低賃金労働力の調達を目的とした中小企業である。かつて台湾の中小企業は分業型ネット

ワークにより，賃金の上昇を吸収していたが，賃金の持続的な上昇と台湾元の切り上げによるコストの増大を吸収することができなくなった。とりわけ，技術水準の低い軽工業や電子産業の一部において顕著であり，対外進出せざるをえなかった。92年以降は中国市場を目的とする投資が増えたため，企業規模は拡大し，立地は広東省や上海を中心とする華東にシフトし，産業分野は電機・電子，食品，化学，第三次産業に重点が移りつつある。

台湾当局は三通(直接の通航，通商，郵便)は依然禁止しているが，金門島，馬祖島と福建省の間に限って直接の通商・通航を認める「小三通」は解禁した。また，台湾人学校も台湾人ビジネスマンやその家族が多く住む広東省に開設された。経済的な統合が政治的対立を徐々に溶解させる可能性もある。[4]

台湾に進出した日本企業のうち，輸出企業のなかには生産拠点を中国に移転させた企業もある。

(3) 環日本海経済圏と環渤海経済圏

1) 中国北部に関わる経済圏

中国北部には次のような経済圏構想がある。環日本海経済圏は，日本海を地域の中心に見立て，それを取り巻く日本，中国東北部，極東ロシア，韓国，北朝鮮の協同で投資，生産，貿易などの開放的経済圏をつくろうとするものである。この地域には国連開発計画(UNDP)が作成した中国，ロシア，北朝鮮3国国境を流れる図們江(朝鮮名は豆満江)開発計画もある。この他にも黄海を囲んだ韓国，北朝鮮，中国，日本で構成される環黄海経済圏や中国の渤海を囲んだ中国，北朝鮮，韓国でつくる環渤海経済圏がある。これらに共通していえることは，環渤海経済圏を除き，実態をともなったものがなく，構想や計画段階に止まっていることである。ただし，環渤海経済圏も中国と韓国との交流で，北朝鮮は加わっていない。

2) 環渤海経済圏—中韓経済交流

中国と韓国との経済交流は近年急速に拡大し，現在韓国の対中投資は対外投

資の1位であり，対中貿易額も対米，対日本に次いで3位である。このように経済交流が活発化したのは最近のことである。第2次世界大戦後から現在までの中韓交流の経緯を振り返りながら，経済交流が進展した背景を考察する。

朝鮮戦争で銃火を交えた韓国と中国は，東西冷戦下では直接対峙する敵対国であった。1972年の米中関係の改善により中韓間の直接的な対立要因が消滅し，78年末の中国の改革・開放政策への転換により，中韓経済交流が本格的に開始された。88年，韓国政府は北方政策を発表し，社会主義国との関係改善と交流増進を進めた。南北朝鮮が国連に加盟した翌92年，中国と韓国は正式に国交を樹立した。

国交樹立後の中韓交流は，すべての面で急速な深まりを示している。国交樹立以前は，香港を経由する間接貿易の比率が半ば以上であったが，92年以後は直接貿易が大半を占めるようになった。韓国が素材と機械類を輸出し，中国が軽工業品と一次産品を輸出する垂直分業型の貿易構造となっている。また，韓国の対中投資の特徴は，投資額が小規模なことと独資の労働集約的な製造業が大半を占めることである。これは韓国の賃金と地価の高騰を背景に生産拠点の海外移転を反映したもので，中国の安価な労働力と工場用地の利用を目的としている。国交樹立後は，三星，LG，大宇など財閥グループの本格的な投資も始まった。さらに，投資地域が渤海湾沿岸(山東省，天津市，北京市，河北省，遼寧省)に偏っていることも特徴であり，この地域への投資が総額の3分の2を占めている。その理由として地理的に近いこと，中央・地方政府の誘致政策のほかに，朝鮮族の存在が指摘されている。

韓国にとって，中国市場の潜在的巨大さが中国ビジネスへの期待となり，中国ブームともいえるものとなっている。韓国の中国に対する期待を増幅させる要因として，韓国産業の競争力に対する自信が考えられる。先進国市場では，大衆製品供給者としてしか評価されないが，中国に対しては一段高い技術の保有者として振る舞えるからである。しかし，中国の工業化の急速な進展とともに，最近競合分野が増えている。

中韓交流が進展した背景には，吉林省延辺を中心に200万人が居住している朝鮮族の存在もある。韓国企業の対中進出が中小企業中心だったこともあり，朝鮮族は単に通訳としてだけでなく，情報提供や合弁相手の紹介，地方政府との折衝，投資先企業の中間管理職などで大きな役割を果たした。朝鮮族の存在がなかったならば，短期間に大量の対中投資が実現しなかったと思われる。しかし，朝鮮族偏重による問題点も指摘されている。[5]

韓国に進出した日本企業のうち，安価な労働力を目的とした企業の多くは韓国から撤退している。

3 東南アジアの経済圏と日本企業

(1) ASEAN(東南アジア諸国連合)

1) ASEAN の形成と拡大

ASEAN は1967年8月，ベトナム戦争の激化に合わせ東南アジアの反共5カ国（タイ，シンガポール，マレーシア，インドネシア，フィリピン）がつくった地域機構である。アメリカのベトナム軍事行動を支援する地域機関の意味合いが強かったが，75年にアメリカがベトナムから撤退し，翌年ベトナムが統一されると ASEAN は変容した。強力な共産主義国家が地域に誕生したため，それへの対抗意識から結束を強めた。76年初の首脳会議が開催され，組織体制が整えられると，これ以降，経済協力や社会協力など他の分野へも協力が広がっていった。80年代末，ASEAN 諸国は国家主導と外資導入の組み合わせによる開発パターンをもとに，NIES に次ぐ高い成長を遂げる地域となった。中国やベトナムなどアジア社会主義国は ASEAN の開発方式をモデルとした。84年にブルネイが加わり，95年にはかつての敵国ベトナムが加盟した。97年にラオスとミャンマーが，99年にカンボジアが加わり，ASEAN は東南アジア地域のすべての国をカバーする包括的地域機関へと発展した。

2) ASEAN 自由貿易地域(AFTA)

1992年1月，第4回 ASEAN サミット（シンガポール）において ASEAN 諸国

はAFTAの創設に合意した。合意に至った要因は，ASEAN諸国が外資依存の輸出志向型工業化政策に転換し，外国直接投資(FDI)の導入が進んだこととASEANと競合するFDI受け入れ国(中国)が浮上してきたことへの対応である。[6)]

　AFTAには3つの政策的な支柱がある。第1は，共通効果特恵関税(Common Effective Preferential Tariff：CEPT)である。定められた貿易品目についてASEAN域内の関税率を引き下げる政策であり，インドネシア，マレーシア，フィリピン，シンガポール，タイ，ブルネイの6カ国は2000年までに対象品目総数の85％の品目について，関税率を0～5％に引き下げ，その後02年1月1日までに対象品目すべての関税率を引き下げる。ベトナムについては03年までに，ラオス，ミャンマーは05年までに関税率を引き下げる，というものである。CEPTの対象となる品目については，ASEAN加盟各国が独自に決定しているが，その適用を受けるためには，ASEAN域内で生産されたことを示すASEANコンテンツ40％を満たす必要がある。

　第2は，ASEAN産業協力(ASEAN Industrial Cooperation：AICO)であり，域内での部品相互補完および一部完成品の相互輸出入について，関税を免除する計画である。AICOスキームの適用を受けるためには，ASEAN域内の複数国において相互補完できる部品ないし完成品があり，その製造をする企業の出資比率が30％以上現地資本でなければならない。なお，1997年7月のアジア通貨危機以降，CEPTの前倒し実施が目標とされると同時に，AICOについては99年から2000年に申請する場合には30％の現地資本義務は免除されている。

　第3は，ASEAN投資地域(ASEAN Investment Area：AIA)の構想である。AFTAが構想された当初，2010年までに域内投資を自由化，2020年までに域外投資を自由化することが目標とされた。

　日本の自動車産業，電機産業の中に各国別の企業内分業を計画している企業もある。

(2) 成長の三角地帯

　成長の三角地帯は，1989年シンガポールの提唱で始まった。シンガポールのねらいは，資金と経営ノウハウを提供し，労働力と工場用地をマレーシアとインドネシアで確保し，外資系企業を誘致することであった。マレーシアとインドネシアのねらいは，首都から遠い周辺地域の開発をシンガポール経済とリンクさせて促進することにあった。成長の三角地帯は地域開発のモデル・ケースとなり，これを手本に「北の成長の三角地帯」と「東の成長の三角地帯」の2つの計画が生まれた。

1) シジョリ経済圏—シンガポール政府主導の発展戦略[7]

　シンガポールの対外投資の特徴は，シンガポール政府および政府系企業主導で投資が行われていることである。投資が政府主導で行われている原因には，政府の発展戦略がある。シンガポール政府の発展戦略は，国内のさらなる製造業の高度化と周辺国・地域の発展をふまえたビジネス・センターとしての機能のいっそうの高度化である。これまで比率の高かった労働集約的な産業を周辺国・地域に移転するとともに，自国に対しては，新たなハイテクの産業を誘致することである。その際，金融，物流，ビジネス・サービス等の分野を可能な限りシンガポール内に残し，地域内のヘッドクォーターとしての役割をいっそう高めようとしている。この発展戦略の第一歩として，マレーシアのジョホール州へ生産基地の移転を行った。ジョホール州の狭小さ・人口の少なさもあり，次にシンガポールの対岸に位置するインドネシア領リアウ州バタム島を開発することとなった。バタム島開発については，インドネシアは資金的・制度的に大きな制約があったため，シンガポール政府自らがインドネシア政府と協力しつつ，工業団地を造成するというこれまでにない政策に着手することとなった。バタム工業団地は，シンガポールのジュロン工業団地開発のノウハウが活用されて造成され，また工業団地には多国籍企業を誘致することが主眼とされている。このバタム工業団地の実験と成果を踏まえ，さらに中国，インド，ベトナム，ミャンマーで相次いで工業団地の開発に着手または計画している。なかで

も中国ではすでに蘇州と無錫で工業団地を造成し，外国企業が操業している。

日系企業もハイテク型でない企業はジョホール州やリアウ州または他のアジア諸国へ移転したり，OHQ（海外統括本部）機能に特化したものがある。

2）北の成長の三角地帯と東の成長の三角地帯

北の成長の三角地帯は，1993年にインドネシア，マレーシア，タイ3国が発表したもので，アジア開発銀行との連携で行う地域共同開発計画である。対象地域は，インドネシアのスマトラ島，マレーシアの北部，タイ南部で構成され，インドネシアのメダンとマレーシアのペナンが経済圏の中核都市に想定されている。インドネシアの一次資源と労働力，タイの一次産業，ペナンの工業を組み合わせて農業開発，工業開発，観光開発を目的としている。東の成長の三角地帯は，92年にフィリピンが提唱し，フィリピン（ミンダナオ島），インドネシア（カリマンタン，スラウェシ），マレーシア（サバ，サラワク），ブルネイの4ヵ国で構成される。フィリピンのねらいは，4ヵ国が協同で開発を進めることで，一次資源は豊富だが工業開発が遅れているミンダナオ島の開発を促進することにある。北と東の成長の三角地帯はねらいは壮大であるが，まだ構想段階にとどまっている。

(3) バーツ経済圏とメコン河流域開発

バーツ経済圏とメコン河流域開発には NIES 諸国は含まれず，これまでの NIES 諸国を核とした経済圏とは違った性格をもつ。

1）バーツ経済圏

バーツ経済圏はタイを中心に，ベトナム，カンボジア，ラオスのインドシナ3国とミャンマーで構成される。タイとインドシナ社会主義国は政治的・軍事的に対立していたが，タイ首相が政策を大転換したことからバーツ経済圏は始まった。タイのねらいは，政治と軍事の緊張緩和とタイの市場拡大であった。しかし，この経済圏はあまり進展していない。その理由はインドシナ3国とミャンマーが，タイに地域政治の主導権を握られることに反発し，開発に必要な資

金の提供国としてのみタイと協調しようとしているからである。

2）メコン河流域開発

メコン河流域開発は国際河川メコン川が流れる中国西南部，タイ，ラオス，カンボジア，ベトナムの5カ国で構成される。この5カ国と国際機関が協同で総合的流域開発を進め，洪水制御，船舶の運行，ダムや水力発電所建設が計画されている。メコン河流域開発は地域諸国と国際機関の協同で進められる地域プロジェクトであり，うまく進展したさいには一つの経済圏となろう。

4 日系企業の国際経営教育と今後の課題

(1) 日系企業の経営教育

アジアの日系企業では企業内教育・訓練が行われ，その有効性は高く，また長期雇用(雇用の安定)が重視され，現地従業員からも評価が高いとされている。しかし，企業内教育や長期雇用が高く評価されながら，アジアの日系企業は昇進機会の少なさとそれにともなう給与の低さや経営の現地化の遅れ等のため，現地従業員からの評価は欧米系企業よりも低いといわれている。

筆者の調査によると，アジアにおける日系企業の経営教育は，従業員に対し現在の仕事に直結する専門的知識・技能の高度化と職務遂行能力の向上を非常に重視するが，直結しない資格の取得や昇進・昇格への対応は重視しない。ホワイトカラー従業員でも職務能力を向上させ，昇進へつながるような経営教育は行っていない。そのため能力開発の充実と労働意欲の維持・向上が重要課題となっている。

(2) 日本企業本社の国際経営の課題

日本企業の海外子会社統括システムの特徴は，基本的に日本人派遣者を中心とするものであり，日本側が子会社経営に責任をもつ場合が多く，日本人派遣者の選択が海外子会社の経営を左右する。しかし，派遣者の選択には問題があり，赴任前教育は十分でなく，海外における経営ノウハウが本社で蓄積されて

いない。

　本社もアジア子会社と同様に，現地のホワイトカラー従業員の職務能力を向上させ，昇進へつながるような経営教育の必要性をあまり認識していない。したがって，現地従業員を社長に就け，アジア子会社を現地化しようと真剣に考える段階には至っていない。先に述べたようにアジアの日系企業は昇進機会の少なさや経営の現地化の遅れ等のため，欧米系企業よりも現地従業員の評価が低いのであるから，アジアにおいて現地人に対する日系企業の評価を高める施策が必要である。そのためには，企業内教育や雇用の安定を重視するだけでなく，現地従業員，とくにホワイトカラーの能力向上が昇進へつながるような人事管理，経営教育を本社，子会社ともに充実させるべきである。

注）
1）丹野勲「多国籍企業の組織」柴川林也・高柳暁編『企業経営の国際化戦略』同文舘，1987年，pp.112-113
2）吉原英樹『国際経営』有斐閣，1997年，pp.186-192
3）福建省と台湾はともに閩南語を話すことから「閩南経済圏」ともいわれる。（嘉数啓『国境を越えるアジア成長の三角地帯――グロース・トライアングル構想の全貌』東洋経済新報社，1995年，p.41）
4）渡辺利夫・向山英彦編『中国に向かうアジア　アジアに向かう中国』東洋経済新報社，2001年，pp.102-105
5）王志楽編『韓国企業在中国的投資』中国経済出版社，1996年，pp.59-60
6）西口清勝「東南アジアの域内経済協力―ASEANの30年」『東南アジアの経済』世界思想社，2000年，p.69
7）シジョリはインドネシアの呼び名で，シンガポールではJSR，ジョホールではNusa Tigaと呼ばれている（前掲，嘉数　p.53）。
8）鈴木岩行「アジアにおける日系企業の人事管理とその課題」日本経営教育学会編『経営教育4―経営の新課題と人材育成』学文社，2001年，pp.109-124

参考文献
鈴木岩行「中国における日系企業の最適経営システムについて」菊池敏夫編『現代の経営行動―課題と方向―』同友館，1999年
松本芳男「アジア進出日系企業におけるコンフリクトとその対応策―現地従業員

との関係を中心にして―」新堀聰他編『国際摩擦の総合的研究―環太平洋諸国との関係を中心として―』日本大学総合科学研究所，2000年

鈴木滋『アジアにおける日系企業の経営―アンケート・現地調査にもとづいて―』税務経理協会，2000年

和光大学企業分析研究会編『中国進出日本企業に関する調査研究』和光大学総合文化研究所，1998年

和光大学企業分析研究会編『東南アジアにおける日系企業の経営に関する調査研究』和光大学総合文化研究所，2000年

鈴木岩行「中国内陸部における日系企業の経営管理システム」『和光経済』第32巻第2・3号，2000年

小林英夫『日本企業のアジア展開』日本経済評論社，2000年

岩崎育夫『現代アジア政治経済学入門』東洋経済新報社，2000年

園田茂人『日本企業アジアへ―国際社会学の冒険―』有斐閣，2001年

鈴木岩行「アジアNIESにおける日系企業の経営管理」『日本貿易学会年報』第38号，2001年

第4章
IT(情報技術)投資の経済的効果と企業行動

1 IT(情報技術)投資の経済的効果に関する検討

　1980年代以降，産業・企業のIT(情報技術)投資は，各業種による若干の違いはみられるものの総じて積極的に進められてきた。特徴的なことは，1970年代までは銀行，証券などの金融業や鉄鋼，化学，自動車，電機などの製造業が，現場の業務の効率化のために情報化を進めてきたのに対して，1980年代以降はそれ以外の多くの産業においてもITの導入に積極的に取り組み，多額の投資を行うようになったことである。その理由として，情報技術の進化によるコンピュータの処理能力の飛躍的な向上，PC(パーソナルコンピュータ)の出現にみられるような情報機器の物理的サイズの縮小と扱いやすさ，そして低廉化が挙げられる。一方，ITの導入は事業の効率化を進めるだけではなく，情報を効果的に利用することで自らの事業を同業他社と差別化し競争優位を確立させ，より高い収益を生み出すことも可能とするSIS(戦略的情報システム)などの新たな情報システムやさまざまなITをベースにしたビジネスモデルも提示され，産業・企業の情報化投資をさらに拡大させる一因となった。

　アメリカでも，同様に1980年代から多くの産業でITの導入が進められた。しかし，1980年代後半に経済学者のロバート・ソローらは，情報システムの導入による生産性の向上はみられないとするいわゆる「生産性のパラドックス」を展開し，安易なIT導入に対して警鐘をならした。この議論は，その後多くの論争の的になった。他方，1992年以降続いている米国のインフレなき経済の拡大は，情報技術の積極的導入による生産性向上が主因であるとする「ニューエコノミー論」が90年代後半になり注目を集めたが，その実証的研究も完全に

はなされていない。しかし，米国では情報技術の経済的効果を計測する研究について，政府をはじめ多くの企業，研究者がその重要性を認識し，実際に研究論文(たとえば，MIT の Dr.Eric Brynjolfsson)が公表されている。[1]

　日本では，1980年代後半にバブル経済の絶頂期を迎え，各企業はエクイティファイナンスにより多額の資金を極めて低いコストで調達し，情報化投資を拡大させた。その結果，日本の各企業の情報資本ストックは，急速に拡大した。しかし，1990年代に入りバブル経済の崩壊とともに各企業の IT 導入への姿勢は一変し，急速に情報化投資は減少することとなった。これは，「生産性のパラドックス」で指摘されるように，本当に情報化投資が生産性の向上を実現するのかどうか経営者が疑問を投げかけた結果の企業行動と受け止めることができる。

　筆者ら研究グループ(筆者と東京大学の廣松　毅教授，㈱大和総研の坪根直毅主任研究員，栗田　学主任研究員，東京国際大学の大平号声教授)は，1997年からこれまでに各種のマクロ経済統計や産業別の統計資料などを用いて，情報化投資の経済的効果を，産業別に定量的に分析してきた。ここでは研究成果の一部として，分析事例を2例紹介し，その結果からこの間の情報化投資に関わる企業行動の検証を行う。

　これまでは，日本開発銀行調査部などでマクロレベルでの情報化投資の影響を分析した研究は発表されているが[2]，産業別に情報化投資の経済的効果を分析した研究はない。したがって，産業別の経済効果を定量的に示しその要因について考察することは，各産業が今後，情報化投資を検討する際に有効な意思決定を促す資料となりうる。以下に紹介する分析結果は，すでに論文，学会発表等で公表しているが，今回は企業行動という視点で企業レベルでの考察を進め，背景となる情報技術の進化を考慮に入れつつ，新たな知見を見出すことを目標とする。

2 情報装備率と付加価値生産性

　企業経営のグローバル化,多様化が進む現在,産業・企業の情報化は不可欠なものとなっている。一方,企業経営者が情報化投資を行う際に重視することは,それが企業経営にどのような効果を及ぼすかである。しかし,これを明確に示した研究は見当たらない。効果が明確でなければ,経営者は投資を躊躇することになる。『情報サービス産業白書1997』によれば,依然として多くの企業(調査企業の55.2%)が,自社の情報化を阻害する要因として「(情報化に対する)費用対効果がわからない」をあげている。[3]

　ここでは,情報化の効果を定量的に把握するために,以下に記す「情報装備率」と「付加価値生産性」に焦点を当てて,両者の関係を中心に分析検討を進める。なお,分析期間は1982〜94年とする。

(1) 情報装備率

　ここではまず,㈶日本情報処理開発協会による『情報化総合指標調査研究報告書』を参考にして「情報装備額」を求める。次に,これを対応する産業別の就業者数で除することによって「情報装備率」を求め,これを情報化の進展度合いを示す指標とする。[4]これに対して,1人当たりの付加価値額を付加価値生産性と定義し,情報装備率との関係を分析する。

　まず情報装備ストック Kin を,ハードウェア装備ストック額 Kih とソフトウェア装備ストック額 Kis とに分ける。Kih は「情報処理実態調査」の電子計算機費用の細分項目のうち「減価償却費」「レンタル料」「リース料」を,当該年度を含む過去4年間にわたって産業別に合計したものとする。[5]すなわち,t年度の Kih を(1)式のように定義する。

$$Kih = \sum_{t-3}^{t}(減価償却費 + レンタル料 + リース料) \qquad (1)$$

また，Kis は同調査の電子計算機管理費用の細分項目のうち「外部要員人件費」「ソフトウェア委託料・購入費」「パンチ委託料」「ソフトウェア使用料」「計算委託料」「その他」を，当該年度を含む4年間にわたって産業別に合計したものを用いる[6]。すなわち，t 年度の Kis を(2)式のように定義する。

$$Kis = \sum_{t-3}^{t} (外部要員人件費 + ソフトウェア委託料・購入費 + パンチ委託料 + ソフトウェア使用料 + 計算委託料 + その他) \tag{2}$$

　なお，Kih と Kis の推計において，当該年度を含む過去4年間にわたって合計するのは，シリコン・サイクル(一般に，4年といわれる)に合わせてハードウェア，ソフトウェアを入れ替えることを想定し，償却年数を4年と考えたためである。

　次に，デフレータとして，Kih の項目のうち，減価償却費とレンタル料については，日本銀行『物価統計月報』の企業向けサービス価格指数のうち「電子計算機レンタル」の値を，またリース料については同「電子計算機・同関連機器リース」の値を用いる。また Kis の項目のうち，外部要員人件費とソフトウェア委託料・購入費については『物価統計月報』の企業向けサービス価格指数のうち「ソフトウェア開発」の値を，「その他」を除くそれ以外の項目については同「データ処理」の値を用いる。「その他」については，旧建設省『建設統計月報』の非住宅の建設工事費デフレータの値を用いる。なお，すべてのデフレータは1990年(暦年)基準であるため，これを年度ごとのデフレータに変換している。また，建設工事費デフレータ以外のデフレータは，いずれも1990年度からしか算出できないので，それ以前についてはデータの開始年度から3年度(1990～92年度)のデフレータの変化率の平均をとって，利用する年度までのデフレータの値を逆算によって求めた。

　次に，ハードウェア装備額とソフトウェア装備額を合計したものを，「情報

処理実態調査」の産業別総従業員数 Li で除して，当該年度の1人当たり情報装備ストック Riv とする。

$$\text{Riv} = \frac{(\text{Kih} + \text{Kis})}{\text{Li}} \tag{3}$$

さらに Riv に，「雇用動向調査」の産業別就業者数 Ln（各年度の1月1日現在のもの）を乗じて，当該年度を含む過去3年間の移動平均をとり，これを当該年度における産業別の情報装備ストック Kin とする。

$$t\text{年度の Kin} = \frac{\sum_{t-2}^{t}(\text{Riv} + \text{Ln})}{3} \tag{4}$$

過去3年間の移動平均をとるのは，「情報処理実態調査」の結果によると，毎年の Riv の値の変動が大きいためである。

Kin は当該年度における産業別の情報装備額を示す。そして Kin を当該年度の Ln で除して，分析に使用する情報装備率 Rir とする。

$$\text{Rir} = \text{Kin} / \text{Ln} \tag{5}$$

なお，「情報処理実態調査」の費用項目の詳しい説明は同調査の調査表を参照されたい。

(2) 付加価値生産性

付加価値額 Q には『国民経済計算年報』（以下，SNA と略記）に掲載されている「経済活動別国内総生産」のうち，雇用者所得と営業余剰と資本減耗引当の合計額を用いる。ただし，これらの数値は暦年ベースの名目値のみしか掲載さ

れていないので，1990年基準の国内総生産デフレータにより実質化し，さらに年度ベースの数値に変換するため，当該年の数値を3/4倍したものに，その次の年の数値の1/4倍を加えたものを当該年度のQとする。すなわち

$$\text{t年度のQ} = (\text{t年のQ}) \times \frac{3}{4} + (\text{t+1年のQ}) \times \frac{1}{4} \tag{6}$$

である。また，1人当たりに換算するための産業別就業者数には(4)式のLnを用いる。

$$Pql = \frac{\text{t年度のQ}}{\text{t年度のLn}} \tag{7}$$

(3) 分析結果

産業ごとの付加価値生産性 Pql および情報装備率 Rir の1982, 86, 90, 94年度の実数ならびに1982年を100とした指数の推移を図表4-1[7]，図表4-2[8]に示す。図表4-1をみると，分析期間を通してもっとも付加価値生産性の値が高いのは「石油・石炭製品」であり，「電気・ガス・水道」がこれに続く。逆に低いのは「繊維」「食料品」「精密機械」「卸売・小売」などである。一方，1982年度と94年度の指数の値に注目すると，伸びがもっとも大きいのは「電気機械」であり，「化学」「金融・保険」などがこれに続く。逆に「パルプ・紙」「卸売・小売」はさほど伸びておらず，「食料品」「繊維」に至っては82年以降，低下傾向にある。全体として，バブル経済崩壊を反映して，1990年と94年の数値を比較すると横ばい，もしくは94年の方が低下している産業が多いなかで，「電気機械」「化学」が付加価値生産性を伸ばしていることが注目される。

一方，情報装備率の推移をみると(図表4-2)，分析期間を通してもっとも情報装備率が伸びたのは「電気・ガス・水道」であり，次いで「石油・石炭製品」「電気機械」などとなっている。逆に伸びが低いのは「繊維」「パルプ・紙」「窯業・土石製品」などである。

第4章 IT(情報技術)投資の経済的効果と企業行動　**85**

図表4－1　付加価値生産性 Pql の推移

(単位：万円，カッコ内は1982年度＝100とした指数)

年度	食料品	繊維	パルプ・紙	化学	石油・石炭製品	窯業・土石製品	一次金属・金属製品
1982	860 (100)	250 (100)	908 (100)	964 (100)	4,686 (100)	688 (100)	874 (100)
86	791 (92)	243 (97)	895 (99)	1,399 (145)	4,132 (88)	776 (113)	963 (110)
90	725 (84)	211 (85)	1,096 (121)	1,723 (179)	1,898 (83)	800 (116)	1,154 (132)
94	653 (76)	215 (86)	1,032 (114)	1,939 (201)	4,358 (93)	880 (128)	1,229 (141)

年度	一般機械	電気機械	輸送機械	精密機械	卸売・小売	金融・保険	電気・ガス・水道
1982	927 (100)	342 (100)	736 (100)	429 (100)	586 (100)	782 (100)	2,647 (100)
86	1,132 (122)	581 (170)	883 (120)	508 (118)	619 (106)	1,068 (137)	3,002 (113)
90	1,331 (144)	902 (264)	1,055 (143)	673 (157)	618 (105)	1,442 (184)	3,386 (128)
94	1,143 (123)	1,221 (357)	1,055 (143)	575 (134)	645 (110)	1,365 (175)	3,460 (131)

図表4－2　情報装備率 Rir の推移

(単位：万円，カッコ内は1982年度＝100とした指数)

年度	食料品	繊維	パルプ・紙	化学	石油・石炭製品	窯業・土石製品	一次金属・金属製品
1982	57 (100)	40 (100)	38 (100)	54 (100)	100 (100)	40 (100)	88 (100)
86	67 (118)	49 (120)	39 (102)	67 (124)	109 (108)	41 (101)	102 (116)
90	81 (142)	52 (130)	56 (147)	93 (172)	205 (204)	55 (136)	132 (150)
94	106 (186)	60 (148)	61 (162)	114 (211)	293 (292)	65 (162)	155 (175)

年度	一般機械	電気機械	輸送機械	精密機械	卸売・小売	金融・保険	電気・ガス・水道
1982	57 (100)	51 (100)	56 (100)	46 (100)	67 (100)	188 (100)	112 (100)
86	69 (120)	76 (148)	70 (126)	63 (138)	75 (111)	191 (101)	174 (155)
90	79 (138)	109 (211)	100 (180)	85 (184)	88 (131)	271 (144)	276 (246)
94	101 (176)	147 (286)	130 (235)	108 (234)	108 (160)	351 (186)	411 (367)

3 成長会計によるIT(情報技術)投資の経済的効果の分析

(1) 成長会計

ここでは1人当たりの付加価値額（すなわち，付加価値生産性）の決定要因として1人当たりの雇用者所得，情報装備，情報装備以外の資本ストック，さらに外的要因（技術進歩）を考慮し，付加価値生産性の成長率を各生産要素に分割して計測する。ここで採用する成長会計のモデルは，(8)式のとおりである。

$$G(Q/Ln) = A + \alpha G(L/Ln) + \beta G(Ko/Ln) + \gamma G(Kin/Ln) \quad (8)$$

ただし $G(X):X$ の年成長率

$$\alpha = (\partial Q/\partial L)/(Q/L) \quad (9)$$
$$\beta = (\partial Q/\partial Ko)/(Q/Ko) \quad (10)$$
$$\gamma = (\partial Q/\partial Kin)/(Q/Kin) \quad (11)$$

　　　Q：付加価値（営業余剰＋雇用者所得＋資本減耗）
　　　L：労働投入
　　Ko：情報装備以外の資本ストック
　　Kin：情報装備
　　　A：外的要因（技術進歩）の影響を表わす定数
　　Ln：就業者数

(8)式は1次同次性を仮定しており，したがって(12)式が成立する。さらに完全競争均衡を仮定すると，(13)～(15)式が成立する。

$$\alpha + \beta + \gamma = 1 \quad (12)$$
$$\alpha = wL/Q \quad (w：賃金率) \quad (13)$$
$$\beta = roKo/Q \quad (ro：情報装備以外の資本ストックの利潤率) \quad (14)$$
$$\gamma = riKin/Q \quad (ri：情報装備の利潤率) \quad (15)$$

(8)式の右辺の第2項,第3項,第4項は労働,情報装備以外の資本ストック,情報装備のそれぞれの増加に基づく付加価値生産性の成長率を表わす。一方,Aは外的要因から生じた付加価値生産性の成長率である。

(2) 使用データと加工方法

(8)式における $G(Q/Ln)$, $G(Kin/Ln)$ は,それぞれ(5)式と(7)式で求めた Rir, Pql の伸び率として算出できる。Ko については

$$Ko = K - Kin \tag{16}$$
ただし,K：各産業の資本ストック

として算出する。すなわち,ここでは情報装備を資本ストックの一部と考えることとする。[9] Kとしては経済企画庁から発表されている,『長期遡及推計民間企業資本ストック』の進捗ベースの値を利用する。またLとしては,各産業別年度ごとの延べ労働時間数を用いる。Lの算出方法は,(17)式のとおりである。Lnについては(4)式のLnを用いる。

$$L = Ln \times (LH_2 \times C \times 12) \tag{17}$$
ただし,L：各産業別年度ごとの延べ労働時間数
LH_2：平成2(1990)年の1人月間総実労働時間数
C：産業別月間総実労働時間指数(年度平均)

(データはいずれも『毎月勤労統計年報』による)

(3) 分析結果

産業別の付加価値生産性の成長率と,各投入要素の貢献度合いを図表4-3に示す。なおここでの分析期間は1982〜97年度である。まず「情報装備の貢献」の1990〜94年度の値は,「食料品」「パルプ・紙」「窯業・土石製品」「一般機械」

「輸送機械」「精密機械」「建設」「卸売・小売業」「金融・保険業」「運輸通信」の10業種においてマイナスを記録しており，付加価値生産性の上昇には負の影響を与えていることがわかる。これらの産業では「情報装備分配率」がマイナスとなっているにもかかわらず，「情報装備」はプラスの成長を続けている。これは情報装備がうまく活用されていない可能性を示すものである。情報装備が活用されない原因として，就業者が情報装備を使いこなすノウハウをもっていない，ノウハウはあるが情報装備が過剰である，などが考えられよう。

一方，82〜86年度，および86〜90年度では多くの産業で「情報装備分配率」は正の値をとっていて，「情報装備の貢献」もプラスの値となっている。つまり，この期間は情報化が効果を上げていたことを示している。この時代の情報システムへの投資は，人的資源の効率化という側面が強かった。どの産業にも存在している労働集約的な部分が，この年代の情報化の主なターゲットであったといえよう。「労働投入」の減少を考えるとこの目的はある程度達成されたものとみられる。

しかし，90年代に入ると「情報装備分配率」はほとんどの産業で大きく低下し，マイナスの値を示している産業も多い。したがって，「情報装備」はさほど「付加価値生産性」に寄与していない。91年から94年の情報装備は，88年から94年の情報化投資によって構成されており，この間の情報装備の効果はさほどなかったと考えられる。手持ち資金が潤沢であった88〜90年はもちろん，バブル崩壊直後の91年にあっても企業は情報化を聖域視し，なお活発に投資を行った。しかし，それが情報化の効果の検討を十分に行った結果の投資行動であるかどうかは疑問をもたざるをえない。

90年代に入っても「情報装備」が引き続き拡大する一方で，「情報装備の貢献」が付加価値生産性にさほど貢献していない，もしくは負の影響を及ぼしている産業が多いことは，必ずしも情報装備を経営に活用しきれていない国内企業が多いと解釈できる。考えられる要因として，情報装備を利用するための社員教育の不備や，新しい情報技術に対応するスリム化した企業組織への移行の

第4章 IT(情報技術)投資の経済的効果と企業行動

図表4－3　付加価値生産性への各投入要素の貢献
1段目：1982-86年度，2段目：1986-90年度，3段目：1990-94年度，4段目：1994-97年度

	付加価値生産性 G(Q/Ln) (%)	外的要因 A(%)	労働分配率 α	労働投入 G(L/Ln) (%)	労働投入の貢献 αG(L/Ln) (%)	資本分配率 β	資本ストック(情報装備を除く) G(Ko/Ln)(%)	情報装備を除く資本ストックの貢献 βG(Ko/Ln)(%)	情報装備分配率 γ	情報装備 G(Kin/Ln) (%)	情報装備の貢献 γG(Kin/Ln) (%)
食料品	-2.0	-3.7	0.5	-0.3	-0.1	0.7	6.9	4.6	-0.2	14.6	-2.8
	-1.9	3.9	0.6	-0.8	-0.5	1.1	1.0	1.1	-0.7	12.5	-8.3
	-2.0	4.0	0.7	-2.0	-1.3	0.7	1.7	1.2	-0.4	16.7	-5.9
	-1.1	-0.4	0.7	0.6	0.5	0.4	1.8	0.8	-0.2	12.8	-2.0
繊維	-0.7	-0.5	0.7	0.4	0.3	0.4	3.1	1.3	-0.1	11.7	-1.7
	-3.3	2.1	0.8	-1.2	-0.9	0.8	2.6	2.0	-0.6	11.2	-6.6
	0.2	0.5	0.9	-1.4	-1.2	0.1	6.0	0.6	0.0	14.0	0.3
	-3.4	-0.9	1.1	0.1	0.1	0.0	6.5	-0.2	-0.1	20.7	-2.5
パルプ・紙	0.2	-1.4	0.5	0.5	0.3	0.5	3.4	1.8	0.0	12.0	-0.4
	5.5	-1.1	0.5	-1.1	-0.5	0.3	4.1	1.2	0.2	20.4	4.3
	-2.3	-1.4	0.5	-1.1	-0.6	0.9	4.6	3.9	-0.4	10.8	-4.2
	2.0	-0.8	0.6	0.3	0.2	0.4	4.5	1.8	0.0	19.7	0.7
化学	10.1	0.2	0.4	0.2	0.1	-0.1	4.4	-0.5	0.7	14.9	10.3
	5.4	-0.6	0.4	-0.2	-0.2	0.3	4.0	1.1	0.3	16.5	5.1
	3.0	0.9	0.4	-1.0	-0.4	0.3	3.1	0.9	0.3	12.8	3.4
	3.4	-2.3	0.5	0.0	0.0	0.3	4.2	1.3	0.2	19.0	4.4
石油・石炭製品	-3.0	-3.3	0.2	-0.3	-0.1	1.9	6.5	12.3	-1.1	11.2	-12.0
	-0.4	1.0	0.2	-0.1	0.0	1.1	5.9	6.4	-0.3	26.2	-7.7
	3.0	-0.2	0.2	-1.1	-0.2	0.8	3.9	3.1	0.0	17.0	0.4
	7.9	121.2	0.2	-0.2	0.0	-11.4	5.3	-60.2	12.2	-4.4	-53.1
窯業・土石製品	2.9	-4.3	0.6	0.2	0.1	-0.6	4.4	-2.7	1.0	9.4	9.9
	1.0	0.1	0.6	-0.3	-0.2	0.4	2.8	1.2	0.0	17.5	-0.1
	3.0	1.8	0.7	-1.6	-1.0	0.4	8.1	3.3	-0.1	14.9	-1.1
	0.9	-0.5	0.7	0.2	0.1	0.3	4.5	1.1	0.0	21.3	0.1
一次金属・金属製品	3.0	-0.5	0.6	0.2	0.1	0.3	3.9	1.1	0.2	13.8	2.3
	4.7	1.2	0.5	0.3	0.2	0.3	4.0	1.3	0.2	13.0	2.1
	1.4	-0.3	0.5	-2.2	-1.2	0.4	4.9	1.8	0.1	11.3	1.0
	3.6	-1.0	0.5	0.6	0.3	0.1	4.4	0.6	0.3	12.8	3.7
一般機械	5.7	6.6	0.6	-0.2	-0.1	0.9	6.2	5.6	-0.5	13.2	-6.3
	4.5	0.1	0.6	0.3	0.2	0.1	3.6	0.3	0.3	12.7	4.1
	-3.9	-3.0	0.6	-2.3	-1.5	0.6	6.6	4.1	-0.3	13.6	-3.5
	2.8	6.3	0.7	1.2	0.9	0.6	3.3	2.1	-0.3	18.5	-6.4
電気機械	14.1	0.9	0.6	0.0	0.0	-0.4	5.6	-2.4	0.9	17.9	15.5
	11.5	1.9	0.6	-0.1	-0.1	-0.3	6.3	-1.8	0.7	15.9	11.6
	7.4	1.8	0.7	-1.8	-1.2	-0.3	8.3	-2.1	0.6	14.1	8.9
	14.2	-18.2	0.7	0.1	0.1	-6.1	6.1	-37.1	6.4	10.8	69.3
輸送機械	4.7	-0.4	0.7	0.1	0.1	0.0	7.0	0.3	0.3	17.0	4.7
	5.2	-0.8	0.7	0.9	0.6	0.0	5.6	0.2	0.3	18.1	5.2
	-0.7	0.1	0.7	-2.8	-1.9	0.4	5.0	1.8	0.0	17.3	-0.7
	-0.3	7.7	0.7	1.0	0.7	1.7	5.5	9.2	-1.4	12.7	-17.9
精密機械	5.2	-0.3	0.7	0.1	0.1	0.4	10.1	4.4	0.3	19.2	5.0
	6.6	1.1	0.7	0.1	0.1	-0.2	11.1	-1.7	0.5	15.8	7.2
	-3.8	-3.7	0.7	-1.7	-1.3	0.5	10.1	5.0	-0.2	15.2	-3.8
	6.0	1.1	0.7	0.3	0.2	-0.6	7.0	-4.3	0.8	11.1	9.1
建設	0.8	-0.3	0.6	0.0	0.0	0.4	4.4	1.8	0.0	15.6	-0.7
	2.2	-8.7	0.6	-0.7	-0.4	-1.1	1.8	-1.9	1.5	8.6	13.2
	-4.1	2.0	0.6	-1.6	-0.9	0.7	0.0	0.0	-0.3	18.8	-5.2
	-7.0	7.8	0.6	0.0	0.0	1.0	-2.5	-2.5	-0.6	20.3	-12.4
卸売・小売業	2.1	1.3	0.6	-0.6	-0.4	0.4	4.8	2.1	-0.1	10.4	-0.9
	1.3	9.7	0.7	-0.8	-0.5	1.1	1.4	1.6	-0.8	11.9	-9.4
	0.0	1.5	0.7	-2.1	-1.4	0.5	3.6	1.6	-0.1	12.2	-1.6
	0.6	-2.4	0.7	-0.2	-0.1	0.1	0.9	0.1	0.1	25.4	3.0
金融・保険業	8.6	1.5	0.6	-0.1	0.0	-0.5	2.9	-1.3	0.8	9.9	8.5
	7.6	1.4	0.6	-1.6	-1.0	0.0	7.0	0.0	0.3	17.5	7.2
	-0.8	-1.7	0.6	-0.1	-0.1	0.4	2.8	1.1	0.0	14.2	-0.1
	2.6	-3.9	0.6	0.1	0.1	0.0	2.7	-0.1	0.4	16.4	6.5
運輸通信	5.5	0.8	0.7	0.5	0.3	0.0	28.6	-1.3	0.3	16.7	5.6
	0.9	-2.0	0.7	-0.4	-0.3	0.2	5.8	1.1	0.2	13.1	2.1
	-1.7	-1.3	0.7	-1.2	-0.8	0.4	4.9	1.9	-0.1	21.1	-1.5
	3.0	1.7	0.7	-0.9	-0.6	-0.3	5.5	-1.7	0.6	5.9	3.6
電気・ガス・水道業	3.2	-2.8	0.3	0.5	0.2	0.7	7.3	5.0	0.0	19.9	0.9
	3.2	0.0	0.3	-0.8	-0.2	0.6	1.9	1.2	0.1	20.4	2.3
	0.7	-1.6	0.3	-1.5	-0.4	0.7	3.5	2.4	0.0	17.4	0.4
	6.0	-2.0	0.3	-0.1	0.0	0.3	7.2	1.9	0.4	14.1	6.1

遅れなどが指摘できる。

しかし，94〜97年度の「情報装備の貢献」は90〜94年度に比べ多くの業種でマイナスの値がプラスに転ずるなど，改善しており，情報装備が活用され，産業の情報化が再びうまく機能しはじめたことを示している。このことについては，「5　情報化投資に関わる企業行動」で詳しく検討する。

4　DEA(Data Envelopment Analysis)による情報装備ストックの検討

本節では，筆者らの研究グループがDEA(Data Envelopment Analysis：包絡分析法)を用いて分析を行った各産業別の効率値と情報装備ストックの余剰について検討を加える。DEAで非効率であると判断された分析対象が，効率的となるには投入量を削減しなければならない。投入量の削減には2段階があり，第1段階では全投入要素を一定の割合で削減し，第2段階では特定の投入要素を削減する。この第2段階の削減量は，その投入要素の「スラック」と呼ばれる(後出の図表4-6参照)。ここでは，情報装備ストックのスラックを求めて，情報装備の余剰を算出し考察を加える。

(1)　CCR (Charnes-Cooper-Rhodes)モデル

DEAでは，個々の分析対象はDMU (Decision Making Unit)とよばれる。DEAは，あるDMUの投入と産出にかかる適当なウェイトを算出した上で，産出／投入の値(D効率値)を以って効率性を示すものである。ウェイトは，制約条件の下で当該DMUのD効率値が最大となるように決められる。

ここでは，DEAのもっとも基本的なモデルであるCCRモデルを採用する。CCRモデルでは，規模の経済性が一定であることが分析の前提となる。DMUの数をn個，投入要素と産出要素の数をそれぞれm，s個として定式化すると，CCRモデルは(18)式の分数計画問題となる。

$$\max \quad \theta_o = \frac{u_1 y_{1o} + u_2 y_{2o} + \cdots + u_s y_{so}}{v_1 x_{1o} + v_2 x_{2o} + \cdots + v_m x_{mo}}$$

$$s.t \quad \frac{u_1 y_{1j} + u_2 y_{2j} + \cdots + u_s y_{sj}}{v_1 x_{1j} + v_2 x_{2j} + \cdots + v_m x_{mj}} \leq 1$$

$$u \geq 0$$

$$v \geq 0$$

$$j = 1, 2, \cdots, n$$

(18)

ただし，DEA ではこの分数計画問題を線形計画問題に変換した後，その双対問題を解くのが普通である。双対問題は，θ_o を実数，λ を変数，x, y をそれぞれすべての DMU の投入，産出要素の行列，をそれぞれ DMU_o（効率値を測定する DMU）の投入，産出のベクトルとして，

$$\min \quad \theta_o$$

$$s.t \quad \theta_o x_o - X\lambda \geq 0$$

$$y_o - Y\lambda \leq 0$$

$$\lambda \geq 0$$

(19)

と書くことができる。さらに一般には，スラックが存在する可能性を考慮して

$$\max \quad \omega = e s_x + e s_y$$

$$s.t \quad s_x = \theta^* x_o - X\lambda$$

$$s_y = Y\lambda - y_o$$

$$\lambda \geq 0, s_x \geq 0, s_y \geq 0$$

(20)

を解く。ただし，e はすべての成分が 1 の行ベクトル，s_x, s_y はそれぞれ投入，産出のスラック，θ^* は(18)を解いて得られた D 効率値である。スラックについては後述する。

(2) 投入要素と産出要素

DEA は,投入に対する産出をもって効率性を測る手法であることから,投入要素と産出要素の選定が大きな意味をもつ。ここでは投入要素として,労働を示すものとして1人当たり年間労働時間数 Lt を,また資本を示すものとして1人当たりコンピュータ台数 Nc_L と1人当たり情報装備以外の資本ストック額 Ko_L を用いる。また,産出要素としては1人当たり付加価値額 Pql を採用する。なお,ここでも Nc_L は1人当たりの情報装備ストック1単位という意味で用いる。

(3) 使用データ

ここでは,各産業ごとの1人当たり年間労働時間 Lt と,1人当たりコンピュータ台数 Nc_L の推移を算出する。なお,ここで Nc_L を1人当たりのコンピュータ台数と名付けてはいるが,1人当たりの情報装備ストック1単位という意味で用いていることに留意されたい。

Nc_L を算出するために,まず当該年度の各産業のコンピュータ台数 Nc を求める。Nc の具体的な算出方法は,まず「情報処理実態調査」の「業種別コンピュータ設置台数および周辺装置の設置台数」のうち「コンピュータ台数」,「業種別オンライン端末装置の設置状況」にある「専用オンライン端末装置」の台数,「汎用オンライン端末装置」のうち「インテリジェントターミナル」と「ノンインテリジェントターミナル」,さらに「情報処理サービスをオンライン業者から受けている場合に使用している端末装置」の台数を合計し,これを Ncv とする。この Ncv 同調査の産業別総従業員数 Li で除して,当該年度の1人当たりコンピュータ台数を求め,これに『雇用動向調査』の産業別就業者数 Ln(各年度の1月1日現在のもの)を乗じて,Nc とする。

$$Nc = \left(\frac{Ncv}{Li}\right) \times Ln \tag{21}$$

Nc_L は,(21)式の Nc を,Ln で除して求めた((22)式)。

$$Nc_L = Nc/Ln \tag{22}$$

Lt の算出方法は(23)式のとおりである。

$$Lt = (L_{H2} \times C \times 12)/Ln \tag{23}$$

　　ただし　LH_2：平成2(1990)年の1人月間総実労働時間数
　　　　　　C：産業別月間総実労働時間指数(年度平均)
　　　　　　　　（データはいずれも『毎月勤労統計年報』による）
　　　　　　Ln：雇用動向調査の産業別就業者数
　　　　　　　　（各年度の1月1日現在のもの）

Ko_L については，

$$Ko_L = (K - Kin)/Ln \tag{24}$$

　　　ただし，K：各産業の資本ストック

Pql については，前節「成長会計による情報化の効果の分析」で求めたデータを使用する。

(4) 全産業のクロスセクション分析

まず，全産業(16産業)を DMU とした分析結果を図表4-4に示す。なお，分析期間は1986～90年度および1990～94年度とし，それぞれのデータは各期間の平均値をとったものを使用した。ここで，DEA で測定される効率値は相対的なものであり，各産業の絶対的な効率が上下したことにはならないことに留意されたい。また各産業において，情報装備の位置付けや重みも異なることが予想されるため，図表4-4の各効率値を産業間で比較すること自体にも無理がある。すなわち，図表4-4の効率値は，産業ごとの特色をあらわすものとしてみるべきである。

分析対象産業の中で期間をとおして効率的と判断された(すなわち，D効率

図表4－4　全産業の相対的な効率値

産　　業	D効率値	
	1986～90	1990～94
食料品	0.54	0.53
繊維	0.17	0.18
パルプ・紙	0.62	0.75
化学	0.85	1
石油・石炭製品	1	1
窯素・土石製品	0.51	0.54
一次金属・金属製品	0.63	0.70
一般機械	0.86	0.90
電気機械	0.56	0.75
輸送機械	0.63	0.70
精密機械	0.45	0.48
建設業	1	1
卸売・小売業	0.50	0.53
金融・保険業	1	1
運輸通信業	0.55	0.52
電気・ガス・水道業	0.79	1

値＝1)のは「石油・石炭製品」「建設業」「金融・保険」である。また，1986～90年度と1990～94年度の値を比べてみると，D効率値が1986～90年度において1であった「石油・石炭製品」「建設業」「金融・保険業」と，「食料品」「運輸通信業」を除けば，各産業とも1990～94年度の方がD効率値が上昇している。これは，外的要因等によって効率的な産業と，非効率的な産業との差が縮小する傾向にあったことを意味している。1986～90年度はバブル景気を含む概ね好況とみられる期間であり，一方，1990～94年度はバブル崩壊を含む景気後退を含む期間である。1986～90年度に大きく業績を伸ばした産業において，1990～94年度の業績にやや翳りがみえてきたことが読み取れる。

　各産業の効率値がどのように推移したかは，時系列的に分析することが必要である。それによって情報装備ストックのスラックも時系列で得られ，より詳細な分析が可能となる。

(5)　産業ごとの時系列分析

　次に，各産業ごとの時系列分析を試みる。分析期間は，DMUの数と投入・

産出要素との数のバランスを考慮して，1982～94年度とした。結果を図表4－5に示す。その産業が効率的であると判断された(すなわち，D効率値＝1)年度は，網がけで示してある。1982年度においては「金融・保険業」を除くすべての産業が効率的である。しかし，その後1986年の円高不況にかけて，非効率的な産業が多くなっている。しかし，バブル経済のさなかにあった1988年度は11の産業が効率的であり，各投入要素がうまく活用され，付加価値に結び付いていたことを示している。しかし，この年度を境にバブル経済崩壊の影響を受けて，効率的と判断される産業は急激に減少し，1993年度においては「輸送機械」のみとなっている。

(6) スラックと代替率の分析

図表4－5からは，N_{C_L}の水準が適切であるかどうかは判断できない。そこで，それを判断する基準としてN_{C_L}のスラックをとることにする。図表4－6は，2投入1産出要素の場合のスラックのイメージを示している。DEAにおいて，効率値θは，産出量を維持したまま投入要素を一様にθ倍に縮小すれば，当該DMUが効率的($\theta=1$)となることを示す。図表4－6で，DMU Aのθの値は，OP／OAであり，Aは投入1と投入2をそれぞれθ倍に縮小して，点Pに移動することによって効率的($\theta=1$)となる。一方，DMU A'のθの値はOP'／OA'であり，Aと同様に投入1と投入2をθ倍に縮小するとP'に移動して，θの値は1となる。しかしこの場合，DMU BはP'よりさらに投入2が少ない。したがってA'が真に効率的となるためには，投入2をさらにP'Bだけ削減することが必要である。この削減量P'Bのことをスラックとよぶ。スラックは，他の要素と同じ割合で削減しうる性格のものではなくて，したがって効率値θで示される削減量と比べると，より「余剰」としての意味合いが強い部分と考えられる。

前節までにおいて，分析対象産業は，製造業，非製造業あわせて主要16産業であった。しかし，製造業等の装置産業は，情報装備以外の資本ストックも労

図表 4 - 5　産業ごとの時系列の D 効率値の推移

産　業	年　度						
	82	83	84	85	86	87	88
食料品	1	1	0.941	0.923	0.877	0.864	0.874
繊維	1	1	0.912	0.936	0.924	0.968	0.874
パルプ・紙	1	1	0.979	0.915	0.885	0.912	1
化学	1	0.996	1	1	1	0.993	1
石油・石炭製品	1	0.974	1	1	0.904	1	0.782
窯業・土石製品	1	0.995	0.983	1	0.935	0.944	0.983
一次金属・金属製品	1	0.956	1	0.999	0.934	0.967	1
一般機械	1	1	1	1	0.936	1	1
電気機械	1	0.993	1	1	1	0.973	1
輸送機械	1	1	1	1	1	1	1
精密機械	1	0.981	1	1	1	0.929	1
建設業	1	0.946	0.943	0.952	0.939	1	1
卸売・小売業	1	1	1	1	0.972	0.977	1
金融・保険業	0.972	0.990	0.965	0.917	0.959	0.981	1
運輸通信業	1	0.998	1	1	0.999	0.948	1
電気・ガス・水道業	1	1	1	0.965	0.928	0.927	0.999

産　業	年　度					
	89	90	91	92	93	94
食料品	0.773	0.830	0.856	0.911	0.853	0.810
繊維	0.785	0.841	0.843	0.943	0.955	0.905
パルプ・紙	1	0.975	0.975	1	0.992	0.968
化学	1	0.980	0.970	1	1.000	1
石油・石炭製品	0.755	0.771	0.926	0.997	0.893	0.903
窯業・土石製品	0.924	0.942	0.903	1	0.952	1
一次金属・金属製品	0.977	0.989	0.989	0.993	0.979	1
一般機械	0.976	1	1	0.990	0.926	0.907
電気機械	1	1	1	0.941	0.935	1
輸送機械	1	1	0.996	0.994	1	0.990
精密機械	1	0.999	1	0.986	0.907	0.880
建設業	0.957	0.956	0.935	0.978	0.955	0.898
卸売・小売業	0.947	0.972	0.987	1	0.957	0.970
金融・保険業	1	1	0.974	0.898	0.913	0.949
運輸通信業	1	1	0.983	0.970	0.974	0.974
電気・ガス・水道業	0.947	0.983	1	0.989	0.992	1

働投入と代替関係にあり，情報装備の代替が全体のうちのどれだけかを知ることは困難である。よって以後，情報装備以外の資本ストックと労働との間の代替関係が小さいと思われる，「卸売・小売業」と「金融・保険業」にしぼって分析を進める。

第4章 IT(情報技術)投資の経済的効果と企業行動　**97**

　図表4-7と図表4-8に,「卸売・小売業」と「金融・保険業」のスラックの推移を示す。「卸売・小売業」は,1989年度にNc_Lのスラックが生じ,以後,増減を繰り返している。一方,「金融・保険業」のスラックは特徴的である。すなわち,1982～87年度まではLtにスラックが存在している。その量は年々減少し,1988年度には0となっている。しかし91年度からはNc_Lにスラックが生じはじめ,増加の一途をたどっている。このことから1982～87年度は,1988～90年度に比べると労働が過剰であり,それを代替すべく情報化投資が活発に行われた結果,逆に1991～94年度は,情報装備が過剰となり,情報装備が有効に活用されなくなったという構図が読み取れる。

5　情報化投資に関わる企業行動

　上記の「成長会計による情報化の効果の分析」,および「DEA(Data Envelopment Analysis)による情報装備ストックの検討」の結果から,わが国の場合,1990年を境に,情報化と企業経営の相関は大きく変化していることがわかった。すなわち,「成長会計による情報化の効果の分析」によれば,1980年代後半は,情報装備の経済的効果は多くの産業でプラスであったのに対して,1990年代前半になると多くの産業で,経済的効果は低下あるいはマイナスになっていることがわかった。また,「DEA(Data Envelopment Analysis:包絡分析法)

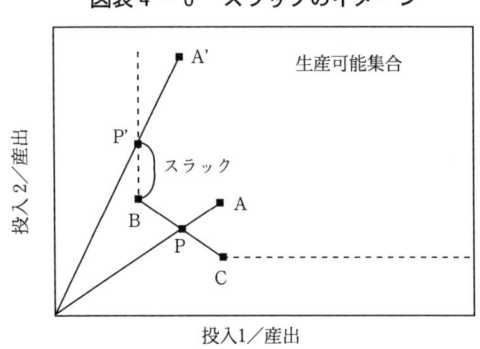

図表4-6　スラックのイメージ

図表4-7 卸売・小売業のスラックの推移

年度	D効率値	スラック		
		Lt	Nc_L	Ko_L
82	1	0	0	0
83	1	0	0	0
84	1	0	0	0
85	1	0	0	0
86	0.972	0	0	0
87	0.977	0	0	0
88	1	0	0	0
89	0.947	0	250	0
90	0.972	0	401	0
91	0.987	0	543	0
92	1	0	0	0
93	0.957	0	86	15
94	0.970	0	164	49

注)単位は, Lt(時間), Nc_L($\times 10^{-4}$台), Ko_L(万円)である。

図表4-8 金融・保険業のスラックの推移

年度	D効率値	スラック		
		Lt	Nc_L	Ko_L
82	0.972	801	0	50
83	0.990	679	0	50
84	0.965	560	0	25
85	0.917	507	0	0
86	0.959	470	51	0
87	0.981	274	41	0
88	1	0	0	0
89	1	0	0	0
90	1	0	0	0
91	0.974	0	497	27
92	0.898	0	679	24
93	0.913	0	1085	93
94	0.949	0	1246	168

注)単位は, Lt(時間), Nc_L($\times 10^{-4}$台), Ko_L(万円)である。

による情報装備ストックの検討」の結果から企業経営の効率性も多くの産業で1990年代前半は, 1980年代後半よりも, 低下していることがわかった。

これは, 1980年代後半のいわゆるバブル経済下において, 潤沢な資金調達を進めた企業の多くが, 情報化の目的を明確としないまま多額の情報化投資を進めていったことが大きな主因として考えられる。同時に, 1980年代後半のIT(情報技術)は, 発展途上の段階であり, 事務作業や営業活動など広く一般の業務に十分活用できる状態ではなかったこともひとつの要因である。たとえば, PCなど小型コンピュータの性能はソフト, ハードともに限定的であり, ネッ

トワーク化もまだ緒についたばかりであった。したがって，多額の情報化投資を進めていったにもかかわらず，企業経営に経済的貢献をするには至らなかったのである。むしろ，多額の投資によって，積み上げられた過剰な情報ストックは，企業経営の効率を低下させる要因になってしまった。90年代に入り，バブル経済の崩壊によって多くの不良資産をもつことを余儀なくされた企業の多くは，過剰な情報ストックを抑制すべく，新たな情報化投資を削減する行動を取ることになった。

同時期の米国企業の多くは，わが国とは対照的な行動をとっている。米国経済は，1980年代の低迷から，1990年代に入り徐々に回復の兆しをみせ始め，企業のリストラ効果などによって企業業績は回復基調になっていった。そのなかで，1992年のクリントン政権が「情報スーパーハイウェイ構想」を打ち出し，積極的な情報戦略を展開していった。わが国の企業が情報化投資を抑制していた90年代前半に，米国企業は逆に情報化投資を急速に拡大させていった。また，この時期から，インターネットの民間部門の利用が広がるとともに，PCなどの技術水準も半導体の性能向上などにより，格段に高まっていった。また，ソフトウェアでもWINDOWSなどのGUI（グラフィック・ユーザ・インターフェイス）が普及しはじめ，多くのユーザが情報機器を簡単に操作できる環境が整っていった。つまり，ITの水準が飛躍的に高まり，情報化が企業経営に大きな経済的効果をもたらす環境が整ったのである。したがって，90年代前半の情報化投資の急拡大は，その後の米国企業にとって大きなアドバンテージとなっていった。

MITのDr.Eric Brynjolfssonも1990年代前半に米国では，情報システムの導入による生産性の向上はみられないとするいわゆる「生産性のパラドックス」は解消したと指摘している。

以上を整理すると，日本と米国の情報化に関わる企業行動は，1990年代の前半に大きな相違をみせることとなり，それがその後の両国の企業経営にも大きな違いとなってあらわれているのである。つまり，1995年からITを中心とし

た産業が米国を中心として拡大し,世界経済を牽引する役割を担い,同時に米国の経済そのものを頑強なものとしていった。その一方で,わが国は,WINDOWSやインターネットなどネットワーク技術の普及を背景に1995年以降,情報化投資は持ち直したものの,IT分野における米国との格差は解消されていない。それは,サプライ・チェーン・マネージメントなどITを活用した企業経営の実践など,ITの応用においても同様であり,国内企業の経営の非効率性が指摘されるようにもなっている。

ただし,わが国企業の情報化投資も1995年を境に急拡大している。1995年から,PCやネットワークなどの技術水準は,一層高まっており,小型コンピュータを中心に低コストで大規模な情報システムを構築することが可能になっている。そのなかで,わが国の企業も積極的に情報化への投資を拡大させている。筆者ら研究グループでも,たとえば「成長会計による情報化の効果の分析」の94〜97年度の結果をみると,94〜97年度は1990年代前半に比較して,産業レベルでの情報装備の経済的効果は,拡大あるいはマイナスからプラスに転じるなどの明確な改善がみられた。つまり,95年以降のわが国でも「生産性のパラドッ

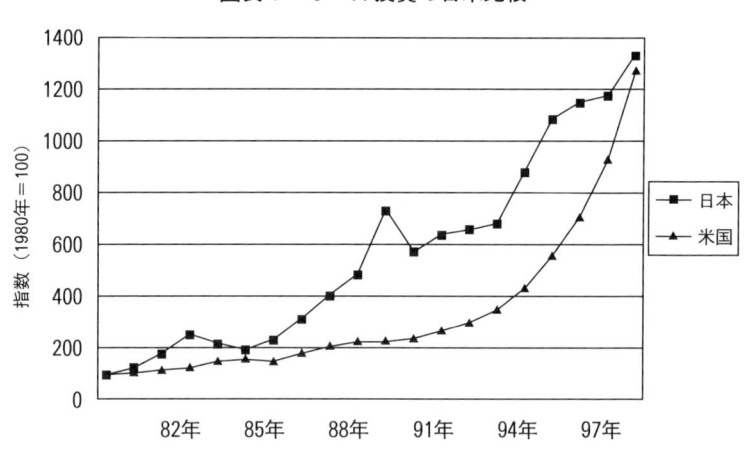

図表4－9　IT投資の日米比較

出所)『2001年度版情報通信白書』より作成

クス」は解消したと考えられる。

　したがって，わが国企業も自社のビジネスモデルを明確にした上で，計画的な情報化投資を進めることが企業経営の効率性を高め，他者との競争優位を確保するためにも重要な課題であるといえよう。

注)
1) Brynjolfsson, E., Information Assets, Technology, and Organization, *Management Science 40*, 12（1994）．
2) 篠崎（1998）「日本における情報関連投資の実証分析」『国民経済161号』国民経済研究協会
3) 社団法人情報サービス産業協会『情報サービス産業白書1997』コンピュータ・エージ社，1997年，p.111
4) 財団法人日本情報処理開発協会『情報化総合指標調査研究報告書』1990年，pp.1-13
5) 1990年度より以前は，「リース料」の項目は存在しない。
6) 1979～82年度にある「マシンタイム借料」の項目は「計算委託料」に加算して計算した。
7) 「一次金属・金属製品」の付加価値額はSNAの「一次金属」「金属製品」を併せて集計した。また就業者数は雇用動向調査の「鉄鋼業」「非鉄金属製造業」「金属製品製造業」を併せて集計した。
8) 情報装備額について，「一次金属・金属製品」は情報処理実態調査の「鉄鋼業」と「非鉄金属製造業・金属製品製造業」を，また「卸売・小売」は「卸売業」と「小売業」を，さらに「金融・保険」は「金融業」と「保険業」「証券業，商品先物取引業」を，それぞれ併せて集計した。また就業者数は雇用動向調査について同様に集計した。
9) Kinの算出に使用した項目には，情報装備ストックに利潤率を乗じたと解釈される項目が入っており，経済学的にはKとKinは必ずしも同列に扱えるものではない。しかしKinの算出にあたっては4年間の費用の累積をとっており，ストックの概念に近いことから，本章では同列のものとして扱った。

第5章
ネットワーク時代の情報の協創

1 問題の認識

　1990年代前半に,長期化する不況と企業環境の素早いかつ構造的な変動に対応するためにいろいろな経営革新の手法が試みられた。これらの手法が登場した理由は,顧客のニーズが多様化しかつその変化のスピードが速い状況下で,従来よりある種々の漸進的な改善策では,このニーズに適切にかつ迅速に対処できる組織の能力を確立できないからである。その手法の一つが「リエンジニアリング」である。「リエンジニアリング」は,市場のニーズの素早い変化に対応して,業務の抜本的変革を情報技術（IT）を効果的に利用することにより無駄な業務を省き,また必要な業務を構築し,そのスピードアップを図り,業績の劇的な向上を目指したものである。この「リエンジニアリング」を有効なものとするために実施するポイントとして,情報技術を利用してさまざまな情報の共有の高度化をいかに実現するか,という点が数多く論じられてきた。
　しかし,その共有に関して,組織内での情報の共有,しかも情報のうちデータベースに蓄積容易な数量化・言語化が可能な情報の共有のシステム化が主として論じられ,それ以外の情報の共有に関しては,現場サイドよりその共有システムの具体化のむずかしさが指摘され,人と人とのネットワークでの対面的コミュニケーションによる共有が唯一の方法として消極的な意味合いより論じられる傾向が強かった。さらに,情報技術の発達は,組織の壁を越えて情報の共有の範囲の拡大を可能にした。しかし,この範囲の拡大は,必ずしも新たな製品やサービスを生み出す事には直接結び付くことにはならない。なぜなら,情報の発信者自身が明確な情報を発信できない場合が多いからである。現代に

おいては市場のニーズの主体である顧客自体が，そのニーズを明確には顕在化できないことが多い。これに対処するには，顧客をも巻き込んだ情報の協創（複数の人間による協調的な創造）が必要である。本章では，このような点について，情報の共有および協創を可能にする場の構築の拡張を支援するツールとしてのネットワークの有効性を指摘する。

2 情報の共有・協創

(1) リエンジニアリングと情報

1980年代のアメリカ企業においては，過度の分業思想の徹底化により，非柔軟性，反応の遅さ，官僚制の逆機能，イノベーションの不足等の弊害が生じた。その結果は，顧客満足とはかけ離れた製品やサービスの提供という事態に陥った。このような背景の中で生じたリエンジニアリングについて，ハマー（Hammer 1990）やダベンポート＆ショート（Davenport & Short 1990）らが定義しているが，ハマー＆チャンピー（Hammer&Champy 1993）によるならば，「コスト，品質，サービス，スピードのような重大で現代的なパフォーマンス基準を劇的に改善するために，ビジネス・プロセス（仕事のやり方）を根本的に考え直し，抜本的にそれをデザインし直すこと」[1]である。

これらの定義に共通するキーポイントとして，次の点があげられる。

第1のポイントは，顧客満足の追求という観点よりの抜本的な業務遂行プロセスの見直しである。すなわち，従来の業務改善活動は，現場における効率向上や業務の簡素化が優先され，必ずしも顧客優先を念頭においた業務活動を作りあげてこなかった。しかし，リエンジニアリングにおいては，非常にみえにくい，しかも変化のしやすい顧客満足を正確に把握し，素早く対応可能とするために，顧客満足の視点からみた業務の遂行プロセスの組み直しを根本的に行うことを目指している。

第2のポイントは，この業務の遂行プロセスの変革の際に，情報技術を積極的に利用することにある。従来よりの情報技術の利用方法による単なる改善の

みでなく,これらの技術および従来は独立して用いられていた画像・映像技術,音声技術の組み合わせにより,初めて可能となるような業務の新たな遂行プロセスも考慮しなければならない。

　第3のポイントは,機能横断的な視点の必要性があげられる。個別の業務よりも全体的な業務プロセスが問題であり,複数の部門にまたがる問題の包括的解決が要求されている。元来,日本企業においては,仕事を行う際に職務分掌,規定等の原理原則によって仕事をするというより,職務の幅を柔軟に変化させながら自在なプロセスで仕事を行ってきた。このような仕事の仕方が,日本企業が環境変化に素早く対応できる要因の一つであった。しかし,そのプロセスは,個人に内面化されており,組織全体が共有する情報になりにくかった。リエンジニアリングでは,これのシステム化による組織全体としての情報の共有が主張されている。

　第4のポイントは,当事者による集団での問題解決への取り組みがあげられる。この解決の際には,トップは業務遂行プロセスに必要な経営資源を提供し,援助をし,最終責任もとるが,実際の具体的行動にあたっては,大幅な権限が委譲された当事者がグループを組み,主体的に進めていくことになる。このような形態は,エンパワーメントとよばれる。

　このようなポイントを実行するには,前提条件が必要である。すなわち,顧客満足の追求に徹し,現場の当事者に問題解決の権限を与え,かつ機能横断的な解決をはかるためには,必要となる情報を自由に共有できることが重要である。しかしながら,情報の共有に関して,その情報の内容を吟味することなく簡単に取り扱われる傾向がある。すなわち,顧客情報を含めて情報には,共有の程度の高い情報と共有があまり進展していない情報があり,後者をどの程度全社的に共有可能かによってリエンジニアリングの成否が左右されるといっても過言ではない。さらに重要なのは,顧客満足の追求が,市場調査やベンチマークなどを基礎として,顧客の要求分析を行い,その結果に沿って製品やサービスの効率的な提供を目指すものにとどまっている点である。現代においては,

顧客自体が，自己の多様化し膨らんだニーズを把握できず，伝達できない事態がしばしば起きている。このような状況下では，企業は，顧客を巻き込んで，その発信する情報を明確にし，その情報を取り込む事により新たな情報を全体で協創する必要がある。

(2) **情報の分類**

前述したように，情報の共有の程度は一定ではない。その差は，共有が容易であるか困難であるかにより生ずる。よって，情報の共有を推進し，それを基に情報を協創するには，共有の容易さを基準に情報を分類し，共有・協創を支援する方法を検討することが有効である。

通常われわれは，事象や事物を認識し，思考の対象としている。野村(1989)は，この認識方法を2通りの方法に大きく分けている。第1の方法は，記号や言語を媒介にした「相対的認識」であり，第2の方法は，身体を直接基準にし，一切の記号を媒介にしていない「絶対的認識」である。われわれはこの2通りの方法で認識したものを内在化し，知識として蓄積していくとする。さらに，このように獲得した知識の伝達に関し，次の4つの枠組みを提示している。

(a) 言語－言語……言語的に体験したものを言語で表現し伝達する場合
(b) 言語－感覚……言語的に体験したものを，感覚的，身体的に表現し伝達する場合
(c) 感覚－言語……感覚的，身体的に体験したものを，言語で表現する場合
(d) 感覚－感覚……感覚的，身体的に体験したものを，感覚的，身体的に表現し伝達する場合

そして，「相対的認識」により蓄積された知識を正確に伝達することに比較して，「絶対的認識」によって獲得した知識を他人に説明し伝達しようとするには，非常に大きな困難を伴うとする。ここで，知識は，記号や言語で表現できる知識と，記号や言語に頼らずに身体でもって自ら認識している知識との2

種類に分けられる。

　同様に,この言語で表現しきれない知識について,ポランニー(Polanyi 1966)は,「人間は語れる以上のものを知っている」と述べ,これを「暗黙知」と呼んでいる。そして,知識には,「形式知」と「暗黙知」の2種類があるとした。野中(1990, 1994)は,この2種類の知の性質を対比している。すなわち,「暗黙知」は,経験知,生きている知,アナログ的知,個人的な知であるのに対して,「形式知」は,言語知,過去の知,デジタル的知,組織的な知であるとした。そして,暗黙知は形式知に比較し,組織における共有が困難であるので組織の能力を高めるには,いかに暗黙知を形式知に転換して組織における共有化をはかり,これにより個人の新たな知を生み出す引き金とするかが課題の一つであるとした。

　よって,人間の「知」のストックとしての形態を知識としてとらえ,フローとしての形態を情報ととらえるならば,共有の容易さの程度により,情報を次のように2種類に区分けするのが有効である。一つは,相対的に共有が容易なドキュメントや分析的言語で表現できる客観的情報である形式情報であり,もう一つは,共有が困難な記号や言語では表現しきれない主体的情報である意味情報である。

(3) 情報の共有・協創のプロセス

　企業における情報の種類と情報の共有の程度との関係を考えると,前述したように形式情報より意味情報の方が共有の程度は低いし,また,社内におけるよりは社外を含む方が共有の程度は低い。また,一般的には,物理的・心理的距離が離れるほど共有の程度は低くなる。たとえば,社内プロジェクトチーム内では,形式情報の共有の程度は高いし,意味情報もその共有の程度を高めるのは比較的容易である。この情報の共有の推進には種々の情報技術が利用されており,その鍵となる技術は,ネットワーク技術,データベース技術そしてクライアント／サーバ技術である。

しかし，これらの情報技術の進歩で特に共有が進展したものは，形式情報である。意味情報を共有するには，これらの情報技術の支援のもとに他の技術をも取り込んだ共有を支援するシステムの構築が必要である。このようなシステムを活用し，取り込まれた情報を基に新たな情報が創造される。

　野中（1990）は，暗黙知と形式知がダイナミックに循環すればするほど，豊かな新たな知が創造される可能性が高いとし，知識の創造とは，暗黙知と形式知の相互補完・循環プロセスを通じた知識の質および量の発展ととらえている。そのポイントは，個人の暗黙知を形式知に変換することにより，組織における知の共有が可能となり，組織の知が豊かになる。その結果として，個人による知識創造を触発する可能性が高くなるということである。この形式知と暗黙知の間の知識変換には，4つのモードがある。すなわち，①暗黙知から暗黙知を創造する「共同化」，②暗黙知から形式知を創造する「表出化」，③形式知から形式知を創造する「連結化」，④形式知から暗黙知を創造する「内面化」である。これらの知識変換の4つのモードは，独立的に行われるものではなく，また1回限り順序立てて行われるものでもない。個人，集団，組織のレベルへと，スパイラルに作用し合うことにより知の増幅が行われるとしている。

　このスパイラル作用を促進するには，それを行うにふさわしい「場」を形成する必要がある。その「場」においては，情報の協創のプロセスがスムーズに行われなければならない。伊丹（1992）によると，「場」とは，そこに参加するメンバーがアジェンダ（情報は何に関するものか），解釈コード（情報はどう解釈すべきか），そして情報のキャリア（情報を伝えている媒体）という3つのものを部分的にせよ共有することによって密度の高い情報的相互作用が継続的に生まれ，その結果，メンバーの間にマクロの情報秩序ができあがるような状況の枠組みのことをいう。情報的相互作用とは，複数の人間の間に情報が行き来する現象を総称するものであり，複数の人間のもつ情報集合の間に整合性が高まったことをさして，マクロの情報秩序が生まれたという。すなわち，情報の共有が成立したことをさす。

しかし、この「場」には、共振の起きる場と起きない場とがある。この共振は、心理的な周波数の共有としてとらえられ、その共振の結果、相互刺激により場に参加した人びとの心理的エネルギーの増大をもたらす可能性が高い。共振の起きない場においては、単にマクロの情報秩序が生じるのみである。言い換えるならば、共振の起きる場においてのみ、参加した人びとによる情報の協創が可能である。よって重要なのは、場において共振が起きるように支援することである。

3 共有・協創支援の情報技術

(1) マルチメディアによる支援

情報の共有の前提である情報の伝達は、コミュニケーションによってなされる。このコミュニケーション行動は、言語的な側面と非言語的な側面の両方より成り立っている。一般的に、コミュニケーション・プロセスは、発信者があるコンテクスト（文脈、状況）の下でコード（伝達において使用される記号とその意味およびその記号の結合の仕方についての規定）を参照し、伝達内容を記号化し、メッセージを作って送り、受信者は、受け取ったメッセージをコードやコンテクストを参照しながら解読し、伝達内容を理解するという一連のプロセスである。池沢（1984）によると、コミュニケーションは、コンテクストとコードの両方に依存しており、コードへの依存が減れば減るだけ、コンテクストへの依存が高くなる。どちらへの依存の度合いが高いかにより、"コード依存型"コミュニケーションと"コンテクスト依存型"コミュニケーションに分けられる。前者が言語コミュニケーションであり、後者が非言語コミュニケーションである。この非言語コミュニケーションについて、エックマン＆フリーセン（Ekman & Friesen 1969）は、次の5つのカテゴリーをあげている。①表象（直接、言葉に翻訳できるような非言語的行為で、言語チャネルが阻止されているようなときに最も使われる）、②イラストレーター（話と直接結びついた身体の動きで、言葉でいわれていることの例示をする動きである）、③感情

表出（顔の表情で感情を示す場合などである)，④レギュレーター（言語内容を伝達するのではなく，会話の流れや話者交代を調節するものである)，⑤アダプター（もともと自分の欲求を満たしたり，何かの行為をしたり，感情の管理をするとか，対人接触をするとかの適応的努力として学習されたものの名残りとして出てくるものである）である。これらの非言語コミュニケーションは，多数のチャネルを使って行われるが，その代表的なものには，表情，視線，身体の動き，パラ言語（声の調子，発話の長さ，スピーチの強さ，沈黙等，発話における内容以外の側面)，接触などがある。

よって，電子メール等の言語・記号主体のメディアでは，これらのチャネルを利用する非言語コミュニケーションの支援に限界がある。これを補うのがマルチメディアである。

マルチメディアとは，「文字，画像，音声，映像といった多様な形態のデジタル情報を統合して扱えるメディア」と定義されるように，各種メディアを融合させたものであり，言語コミュニケーションおよび非言語コミュニケーションの両方の支援にとって有効である。さらに，われわれにとって重要なのは，この情報伝達の支援技術としてのマルチメディアが，人間の認知に対してどのような影響を及ぼすかという点である。

この点に関して，往住（1994）は，マルチメディアには，単に文字メディアから映像・音のメディアへとメディアが拡張し提供される情報が増すだけではなく，思考を単なる「形式的推論や論理的メカニズムにもとづくもの」から「感情や評価といった感性的メカニズムにもとづくもの」へと変える可能性が含まれているとする。もちろん，論理的メカニズムによる思考の働きが低下するわけではない。論理的メカニズムを基礎として，総合的な感性的メカニズムが存在し，メディアの拡張により，このメカニズムがより有効に作用する。

すなわち，マルチメディアの重要性は，単に視覚情報や聴覚情報が統合されているという点にあるのではなく，人間の知識・推論・感情・感性の拡張，すなわち人間の「認知の拡張」を可能にする点にある。

(2) グループウェアによる支援

人間の認知を支援し,その能力を高めるのに有効な役割を果たすものの一つに「他者」の役割がある。すなわち,人間は他者との対話によりその認知機能が強化される。

西垣 (1992) によると,コミュニケーションのレベルには3段階ある。個人のミクロレベル・コミュニケーション,群れのメゾレベル・コミュニケーション,群集のマスレベル・コミュニケーションである。そして,人間の思考は数人から20～30人の群れ(これは前述した「場」を形成する)のメゾレベル・コミュニケーションのなかで形成される。このメゾレベルにおける他者との対話において,新しい情報が創造され,知として蓄積される可能性が高い。しかし,その前提として,ある程度の記憶を共有することが必要である。身体的・感性的な経験を重ね,記憶を積み上げることである。これは,意味情報を共有することにほかならない。

前述したように,現代企業においては,組織をまたがるグループワーク(共通の仕事や目的のための協調活動)にその特徴の一つがある。このグループワークの基本は,グループメンバーの間のメゾレベル・コミュニケーションにある。しかし,このコミュニケーション・プロセスにおいて,どのようなメディアが選択されるかにより,伝達される情報が制約される。これについて,ダフト (Daft 1989) は,情報伝達力をメディアリッチネスという概念でとらえ,その

図表5-1 メディア・リッチネスの特性

メディア・リッチネス	メディア	フィードバック	情報経路	情報源	言語
高 ↑↓ 低	対話	その場	視覚・聴覚	人間	身体・自然
	電信	迅速	聴覚	人間	自然
	私信 (手紙・メモ)	遅い	制限された視覚	人間	自然
	文書 (広報・報告書・書類)	非常に遅い	制限された視覚	非人的	自然
	数値記録 (コンピュータ・アウトプット)	非常に遅い	制限された視覚	非人的	数字

(注) ダフト (1989), p.312より作成

特性を図表5-1のように示している。ここで，対話は，言語および非言語を利用して，発言された言葉の背後にあるコンテクストを理解するための議論を，フェース・ツー・フェースで行い，迅速なフィードバックにより認識の即時的な変更ができる。よって，メディアリッチネスが最も高いものとして位置づけられている。一方，コンピュータ・アウトプットとしての数値記録は，記録として表現されたもの自身の効率的伝達には適しているが，その背後にあるコンテクストの伝達は困難であり，また迅速なフィードバックによる修正は容易ではない。よって，メディアリッチネスが最も低いものとして位置づけられている。しかし，フェース・ツー・フェースの対話には，空間的・時間的制約がある。すなわち，物理的距離が離れた人びとや，同時刻に集合できない人びととの間では成立しない。この制約を緩和するのに有効なツールとして，例えばマルチメディアを組み込んだグループウェアがある。

　グループウェアとは，ヨハンセン（Johansen 1988）によると，「協同作業をするグループワークのために設計されたコンピュータ支援型システムの総称である。これらのワークグループの代表的なものは，小人数のプロジェクト志向型のチームであり，重大な課題と厳しい期限を課せられている。グループウェアには，ソフトウェア，ハードウェア，サービスそしてグループプロセス支援が含まれている」[2]と定義される。このグループウェアを，石井（1994）は，時間的特性（リアルタイム型／蓄積・非同期型）および空間的特性（対面型／分散型）により分類している。

　リアルタイム型は，複数のユーザーが音声や画面通信チャネル，共用ウィンドウシステム，画面共有ソフトなどを介して同時に作業を行うタイプのシステムである。蓄積・非同期型は，電子メールや電子掲示板のようなストア＆フォワード方式の蓄積型通信機構，あるいは分散データベース，ハイパーテキストシステムなどの蓄積情報共有機構を基本としたシステムである。また対面型は，複数のユーザーが会議室などに集合して対面で使用するタイプであり，分散型は空間的に分散した複数ユーザーが通信機能を用いて使用するタイプである。

このように，グループウェアは，グループワークを行うための場である協同作業空間を，空間的・時間的制約を緩和して提供するものである。これにより，以前には前述の制約条件により不可能であった多くの人びととの間で，より多くの意味情報の共有の可能性が高くなる。ひいては，より多くの人びととの間で新たなる情報の協創を引き起こす道が開かれる。

(3) インターネットによる拡張

最近のネットワーク技術の発達および普及はいちじるしい。特に，インターネットの普及は急速であり，そのインパクトは多大である。

インターネットの最大の特徴は，そのオープンな構造にある。オープンな構造とは，本来複雑な機能をもつ製品やビジネス・プロセスをある設計思想に基づいて独立性の高い単位（モジュール）に分解し，モジュール間を社会的に共有されたオープンなインターフェースでつなぐことによって汎用性をもたせ，多様な主体の発信する情報を結合させる構造である。この前提となるのが，モジュール化である。モジュール化は，明示的に定義されたインターフェースにより全体システムを相互依存性が明確に定義された下位システムに分解し，下位システムの設計を自由に独立して行うことを可能にした手法である。すなわち，巨大化・複雑化する全体システムの設計にあたり，限界のある人間の認知能力を補うために階層化することにより対処する方法である。インターネットは，通信においてインターネットプロトコル（IP）という限定された領域で標準化を行い，他の部分（物理的な搬送路やアプリケーションなど）には非常に自由な多様性を許容している。応用に対して自由度を高く保てる部分で標準化を行い，共通性を保ちながら多様性を活かしているのである。インターネットは，オープンな構造を体現したものである。

このことは，より具体的にいうならば，インターネットに，情報技術の発達により開発された多様な安価で操作容易な情報発信機器（典型的にはパソコン）を，標準化されたインターネットプロトコルを介して結合することを可能にし

た。その結果，より多くの人びとがこれらの機器を使用し，容易に情報発信する機会を提供されることとなった。

　従来の企業と顧客との間の情報の交換関係をみると，明らかに企業より発信され顧客へ伝達される情報量の方が圧倒的に多い。広告・宣伝のために発信される製品やサービスに関する情報である。もちろん，顧客より発信され企業に伝達される情報も存在する。例えば，クレーム情報，マーケットリサーチによる情報，購買情報などである。情報技術の発達により，これらの情報量も急激に増えており，企業においてはこれらの情報を分析し，その利用が活発になっている。その目的は，顧客のニーズに応えた新製品や新サービスの開発にこれらの情報を活かすという点にある。より具体的には，新製品を開発，製造し，市場に出すまでの時間，すなわち市場投入時間の短縮化である。確かに，従来に比較すると企業へ流入する情報量は増加し，かつそのスピードも速くなり，企業内ではより優れた情報の協創が行われ，市場へのより適切かつ速やかな対応が可能になり，そのスピードが競争優位の一つの源泉となっている。しかしながら，より顧客のニーズの変化のスピードが速くなり，また製品サービスの開発に関連する技術の進歩のスピードが速くなると，一企業内における情報の協創のみでは必ずしも十分には対応できない。陳腐化した製品やサービスを産みだすこととなる。

　ここでの情報伝達は，基本的に，1対Nの関係であり，さらに顧客から企業への一方向であり，情報の共有の範囲を拡大するわけではない。組織の壁を越えて情報の共有を拡大し，新たな情報を協創するのに必要な相互作用を起こす場を提供できない。

　一方，インターネット上では，前述したように顧客は情報を容易に発信が可能であり，企業と顧客の間の情報伝達は双方向性という特徴をもっている。このような性格をもったインターネットの普及は，リアルタイムの会話が可能となり，組織の壁を越えたより広範囲の情報の共有および協創を可能にした。その結果，顧客を巻き込んだ製品やサービスの開発，言い換えるならば顧客と協

働して開発することを可能にした。これは，市場認知時間の短縮化，すなわち新製品が市場に受け入れられるまでの時間をいかに短くするかという点にとっても非常に有効である。

　さらに，顧客は，他の顧客と製品やサービスについての情報を交換したり，フォーラムに参加したりできる。これらにおける情報伝達はN対Nの関係であり，これにより，いままで巡り合うことのなかった情報を接触させ，相互作用を促すことが可能となる。顧客は，このような相互作用を通して自己の知を成長させ，より豊かな情報発信が可能となる。この事は，単に情報の共有および協創の範囲を拡大するだけでなく，その量的拡大ならびに質的向上をもたらす可能性が大である。

　すなわち，インターネットは，顧客と企業の間の新たな関係を生み出し，情報の共有ならびに協創のための新たな「場」を構築する可能性が大きい。

4　結論：今後の課題

　企業を取り巻く環境が，かつてない急激な度合いで変化している。この環境のもとで，単に素早い適応を追求するために徹底した効率化を目指す経営では，他の企業との差別化は困難である。競争優位を保つには，新たな情報の創造が必要である。そして，そのためには情報の共有の高度化が重要であることを，企業は認識している。このため，企業は，社内に発達したネットワーク技術やデータベース技術を中核とし，情報ネットワークシステムを構築し活用している。また，自社内ばかりでなく外部のさまざまな組織や個人とつながるネットワークシステムを利用して構築しつつある。しかし，このようなネットワークシステムで伝達される情報は一部である。伝達されにくい情報もあり，その結果，こうした情報は共有するのが困難である。

　そこで，われわれは，まず情報について論じた。情報を形式情報と意味情報の2通りに区分けし，言語・記号で表現が困難である「意味情報」の重要性を指摘した。この意味情報を共有し，それを基にして新たな情報を創造するには

協創が有効であることを指摘した。そして、これを支援する有効なシステムとしてマルチメディア技術を生かしたグループウェアを提案した。さらに、急速に普及しつつあるインターネットの活用により、新たなる情報の共有および協創が、従来よりある組織の壁を越えて拡張される可能性を含んでいることを指摘した。

しかし、このような情報の共有・協創を一層推進するには、次のような点が課題として残されている。

まず第1に、より大量かつ広範囲な形式情報の共有を推進し、新たな情報の創造が可能となるような基盤を整備することである。すなわち、ネットワーク技術・データベース情報・クライアント／サーバ技術を中核とする情報技術インフラストラクチュアーの構築およびインターネットとの融合のより一層の推進が必要である。

第2に、意味情報の形式情報への転換を可能にする方法の検討である。明らかに、形式情報のほうが、より容易に伝達可能であり、広範囲に共有可能である。よって、背後にあるコンテクストの消失を最低限に押さえつつ形式情報への転換をはかることが重要である。

第3に、形式情報に転換困難な意味情報の共有推進の支援をはかるために、グループウェアに代表されるようなシステムを構築することである。そのためには、グループワークモデル化技術、メッセージ構造化技術、データベース技術、ハイパーテキスト技術、マルチユーザーインターフェース技術、AI技術、ブロードバンド通信技術等の開発の促進が必要である。

第4に、協創を可能にする場の構築することである。種々の情報を発信する人びとが積極的に参加し情報を発信しやすくなるような仕掛けが必要である。

第5に、情報の共有を推進するシステムを利用することにより、人と人との間のコミュニケーションの形態が変化し、その結果、相互作用の構造が変化することを分析・理解しておく必要がある。

そして、最後に、上記のことを念頭に置きつつ、一つの情報共有化をはかる

システムを唯一絶対的に使用するのではなく，種々のシステムを状況に応じて最適なものを選択的に組み合わせて使用することが重要である。

注）
1) Hammer,M. & Champy, J., *Reengineering The Corporation*, Harper, 1993.（野中郁次郎監訳『リエンジニアリング革命』日本経済新聞社，1993年，p.57）
2) Johansen, R., *Groupware*, Free Press, 1988.（会津　泉訳『グループウェア』日経BP社，1990年，p.17）

参考文献

Daft,R.L., *Organization Theory and Design* (3rd.ed.), West, 1989.

Davenport, T. H. & Short, J.E.: "The New Industrial Engineering: Information Technology and Business Process Redesign," *Sloan Management Review*, Summer, 1990.

Don Tapscott (ed.), *Creating Value in The Network Economy*, HBR Press, 1999.

Ekman, P. & Friesen, W. V., "The repertoire of nonverbal behavior: categolies, origins, usages, and coding," *Semiotica 1*, 1990.

Hammer, M., "Reengineering Work: Don't Automate, Obliterate", *HBR*, July-Aug., 1990.

Hammer, M. & Champy, J., *Reengineering The Corporation*, Harper, 1993.（野中郁次郎監訳『リエンジニアリング革命』日本経済新聞社，1993年）

Johansen, R., Groupware, Free Press, 1988.（会津　泉訳『グループウェア』日経BP社，1990年）

池上嘉彦『記号論への招待』岩波書店，1984年

石井　裕『CSCWとグループウェア』オーム社，1994年

伊丹敬之「情報の場としての企業」，井尻雄士・中野　勲　編『企業行動と情報』同文舘，1992年

伊丹敬之・西口敏宏・野中郁次郎編著『場のダイナミズムと企業』東洋経済新報社，2000年

國領二郎『オープン・アーキテクチャ戦略』ダイヤモンド社，1999年

國領二郎「ネットワーク時代における協働の組織化について」『組織科学』Vol.34, No.4, 2001年

往住彰文「心の拡張装置としてのマルチメディア」，川崎賢一他『メディアコミュニケーション』富士通ブックス，1994年

西垣　通監修『組織とグループウェア』NTT出版，1992年
野村幸正『知と体得』福村出版，1989年
野中郁次郎『知識創造の経営』日本経済新聞社，1990年
野中郁次郎「リエンジニアリングを超えて」『組織科学』Vol.28, No.1, 1995年
Polanyi, M., *The Tacit Dimension*, Routledge & Kegan Ltd., 1966.（佐藤敬三訳『暗黙知の次元』紀伊国屋書店，1980年）

第6章
雇用の流動化の動向

　企業を取り巻く環境の変化により，企業の雇用調整圧力は未だ弱まる気配がない。また，労働者の転職に対する意識も変化していると考えられ，雇用の流動化はさらに進むことになろう。こうしたなかで，円滑な労働移動や，雇用制度の弾力化を推進するために多様な就業形態の導入が求められている。本章では，1991年に始まる不況を通じて，わが国における企業の雇用動向が構造的に変化してきたことを確認しながら，企業にとって大きな課題となっている雇用制度の見直しとその方向性について検討する。

1　平成不況期の雇用調整

　本章では，1990年初頭の好景気の後の，いわゆる平成不況期に実施された雇用調整を振り返りながら，今回の不況の特徴を明らかにすると同時に，ホワイトカラー労働者の過剰問題の背景を概観する。景気は1999年に入り下げ止まりの動きをみせ，その後緩やかな改善が続いているが，雇用の状況には目に見える改善はあらわれていない。労働市場については「景気の改善下での雇用調整をともなうリストラの進行」「常用雇用の減少と臨時雇用の増加」といった特徴が指摘されている。

(1)　雇用調整の実施状況

　雇用調整の実施状況を過去の不況期のそれと比較することにより，今回の雇用調整の概要をえがいてみよう。

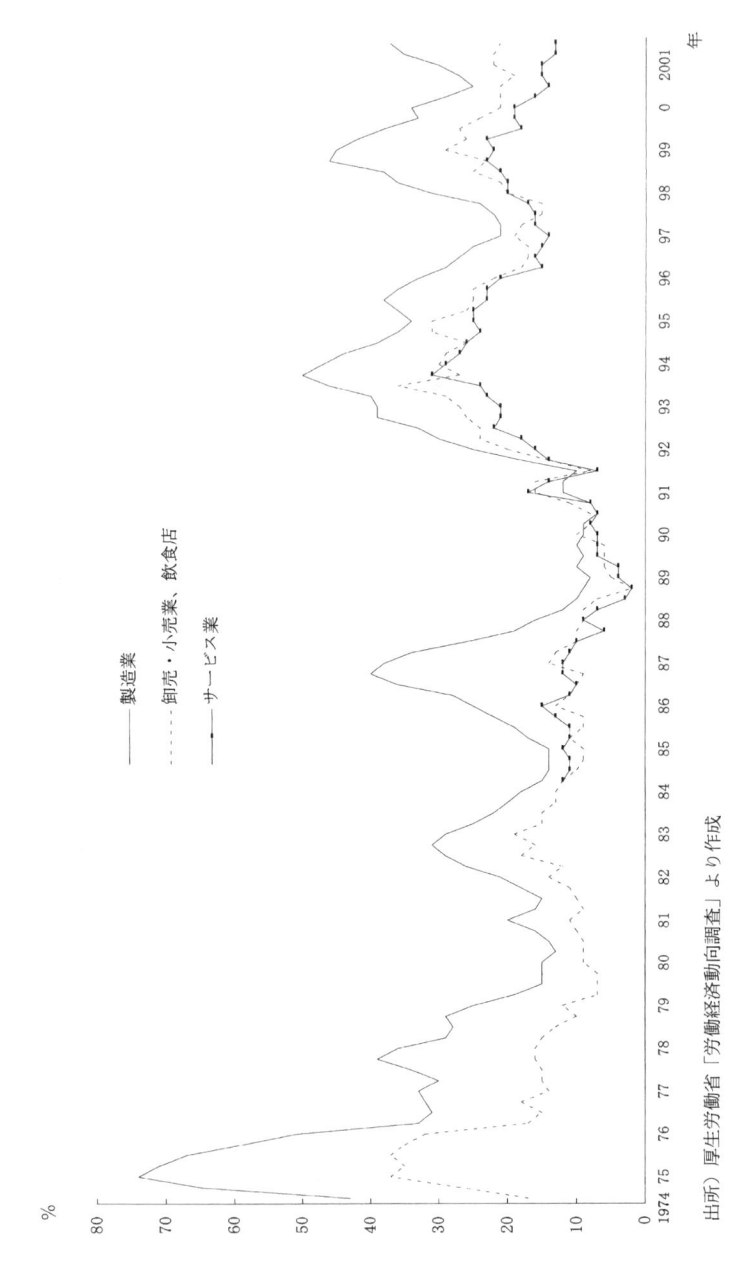

図表 6 − 1　産業別雇用調整実施事業所割合の推移（実績）

出所）厚生労働省「労働経済動向調査」より作成

まずは，厚生労働省「労働経済動向調査」から事業所ごとの雇用調整をみることにする。[1]

　図表6－1は，1974年から2001年まで，第1次石油危機後の不況から今日の不況期における雇用調整の実施事業所の比率を産業別に示している。これより，1993年末をピークとするバブル崩壊直後の不況期(1991年1～3月期から1997年1～3月期)ならびに1999年1～3月期をピークとする今回の景気後退局面(1997年1～3月期から2000年1～3月期)に実施された雇用調整の規模は，1986年末から1987年初旬にピークとなったプラザ合意以降の円高不況期を上回り，第1次石油危機以後，1975年にピークとなった不況期に迫る大きなものであること，バブル後の不況期に実施された雇用調整はその低下ペースが緩やかで長期にわたっていること，常用雇用が回復しないうちに再び景気後退局面に入ったため，バブル期後から現在までに常用雇用の減少幅は非常に大きくなっていることがうかがわれる。

　今回の景気後退局面において実施された雇用調整は1998年10～12月期もしくは1999年1～3月期をピークに，その後，景気の緩やかな改善を受けて低下の動きがみられたこと，がわかる。

　図表6－2は各々の不況期に実施された雇用調整の方法を示している[2]。不況の影響がもっとも顕著にあらわれる製造業についてみるなら，バブル後の不況期を通じて，残業規制，休日の振替，夏期休暇等の休日・休暇の増加，臨時・季節パートタイム労働者の再契約停止・解雇，中途採用の削減・停止，配置転換・出向，一時休業(一時帰休)のどれもが，円高不況期を上回るが，第1次石油危機後の不況期にはおよんでいない。また，希望退職者の募集・解雇といった厳しい雇用調整は，円高不況期以下である。過去の不況期にくらべてこの時期の雇用調整は大規模ではあるが，その方法には，雇用の維持を優先する傾向がみられた。ここでも，「厳しい雇用調整を直ちには行わない」という日本的な方法が踏襲され，その枠組みのなかではうまく機能したことがうかがえる。

　しかし，1999年1～3月期をピークとする雇用調整においては，希望退職の

図表６－２　雇用調整等の方法別実施事業所割合の推移

（単位：％）

調整方法	調査産業計 1998年10－12月	1999年1－3月	1999年4－6月	1999年7－9月	1999年10－12月	2000年1－3月予定	2000年4－6月予定
雇用調整実施事業所割合	32	34	31	28	26	27	25
残業規制	19	19	18	17	15	16	15
休日の振替，夏期休暇等の休日・休暇の増加	5	4	4	3	3	2	2
臨時・季節，パートタイム労働者の再契約停止・解雇	5	5	3	3	2	3	2
中途採用の削減・停止	10	9	8	7	7	7	7
配置転換・出向　配置転換	10	10	10	9	8	9	8
配置転換・出向　出向	7	7	7	7	6	6	6
一時休業（一時帰休）	3	3	3	3	2	2	1
希望退職者の募集・解雇	4	5	4	3	3	3	2
特別な措置はとらない	68	66	69	72	74	73	75

調整方法	製造業 第1次石油危機後不況期	円高不況期	バブル崩壊直後	1998年10－12月	1998年7－9月	1999年1－3月	1999年4－6月	1999年7－9月	1999年10－12月	2000年1－3月予定	2000年4－6月予定
雇用調整実施事業所割合	74	40	50	38	46	45	42	38	33	35	33
残業規制	51	26	38	25	31	29	27	25	22	23	22
休日の振替，夏期休暇等の休日・休暇の増加	—	4	9	7	7	6	6	4	4	4	3
臨時・季節，パートタイム労働者の再契約停止・解雇	21	6	10	4	8	8	5	3	3	3	2
中途採用の削減・停止	44	12	24	10	14	13	12	11	9	9	9
配置転換・出向　配置転換	22	11	17	12	16	15	14	13	12	12	11
配置転換・出向　出向		9	12	9	12	11	11	12	11	11	10
一時休業（一時帰休）	21	3	7	4	7	7	6	6	4	3	2
希望退職者の募集・解雇	7	3	2	3	4	6	5	4	3	2	1
特別な措置はとらない	26	60	50	62	54	55	58	62	67	65	67

調整方法	卸売・小売業，飲食店 第1次石油危機後不況期	円高不況期	バブル崩壊直後	1998年10－12月	1998年7－9月	1999年1－3月	1999年4－6月	1999年7－9月	1999年10－12月	2000年1－3月予定	2000年4－6月予定
雇用調整実施事業所割合	32	13	30	25	23	29	26	27	24	25	22
残業規制	12	8	18	14	13	15	15	15	12	14	13
休日の振替，夏期休暇等の休日・休暇の増加	—	2	3	3	2	3	2	4	3	4	3
臨時・季節，パートタイム労働者の再契約停止・解雇	3	1	5	3	2	4	3	3	2	3	2
中途採用の削減・停止	21	3	10	7	9	8	6	7	7	7	7
配置転換・出向　配置転換	7	2	9	7	6	8	6	7	6	7	6
配置転換・出向　出向		1	4	3	2	5	4	5	3	2	
一時休業（一時帰休）	0	0	0	0	0	0	0	0	1	1	1
希望退職者の募集・解雇	3	1	1	3	3	4	3	4	4	2	1
特別な措置はとらない	68	87	70	75	77	71	74	73	76	75	78

調整方法	サービス業 第1次石油危機後不況期	円高不況期	バブル崩壊直後	1998年10－12月	1998年7－9月	1999年1－3月	1999年4－6月	1999年7－9月	1999年10－12月	2000年1－3月予定	2000年4－6月予定
雇用調整実施事業所割合	—	15	31	21	23	22	23	18	19	19	17
残業規制	—	5	19	12	12	10	11	8	9	9	7
休日の振替，夏期休暇等の休日・休暇の増加	—	—	4	2	4	3	2	3	2	3	2
臨時・季節，パートタイム労働者の再契約停止・解雇	—	4	5	4	3	4	2	2	2	3	2
中途採用の削減・停止	—	5	13	6	7	7	5	6	6	5	5
配置転換・出向　配置転換	—	3	9	5	6	6	8	7	6	5	7
配置転換・出向　出向		2	5	2	2	1	3	1	2	2	2
一時休業（一時帰休）	—	0	1	0	1	1	1	0	1	0	0
希望退職者の募集・解雇	—	1	2	1	2	3	3	2	2	2	2
特別な措置はとらない	—	85	69	79	77	78	77	82	81	81	83

資料）労働省「労働経済動向調査」

注）１．過去の不況期については，「希望退職者の募集・解雇」が最も高くなった時点でのデータである。
第１次石油危機後不況期については，製造業は1975年１～３月期，卸売・小売業，飲食店は1976年１～３月期，円高不況期については，製造業は1986年10～12月期，卸売・小売業，飲食店は1987年４～６月期，サービス業は1986年１～３月期，バブル景気崩壊直後については，製造業とサービス業は1993年10～12月期，卸売・小売業，飲食店は1994年１～３月期を指す。

２．2000年１～３月期，４～６月期の予定は2000年２月調査時点による。

出所）労働省編『労働白書』（2000年）p.369

募集,解雇といった厳しい方法が増加している。雇用調整実施事業所割合はバブル崩壊直後の不況期より低いが,厳しい雇用調整を実施する割合は第1次石油危機後の不況期と同程度,業種によってはそれを上回っている。ただし,今回の不況における雇用調整は第1次石油危機後の不況期に迫る厳しいものであったが,主な方法が入職規制であったことを確認しておきたい。

(2) 離職の内容

労働者に対して雇用調整が及ぼした影響については,厚生労働省による「雇用動向調査」からその概要を知ることができる[3]。対象となる常用労働者には,期間の定めのない労働契約による者のほかに,期限を区切って雇われた者も含まれる。こうした有期契約労働者については,契約更新を重ねて長期にわたり雇用を継続したとしても,契約満了時に更新が行われないままに事実上の解雇を通告される事例も知られている。雇用調整が労働者に与える影響を明らかにするためには,契約期間満了を理由に解雇される有期契約労働者も考慮すべきであろう。

「経営上の都合による離職率」を計算するなら,第1次石油危機後の不況期の底にあたる1975年に1.68％,第2次石油危機後の1978年に1.25％,そして円高不況期の底であった1986年に1.28％となる。これに対して,バブル崩壊直後の不況期には景気の底と思われる1993年以降も上昇を続けて,1995年にピーク(1.24％)に達した後,再び急激に上昇している。1999年には1.66％に達し,第1次石油危機後の最高値に迫っている。

離職理由についてみるなら,1999年を通じて希望退職の募集や解雇といった企業側の「経営上の都合」で辞めた人の割合は11.1％にのぼり,1964年の調査開始以来,過去最高を記録した。2001年度上期の調査結果によれば,離職理由別構成比をみると,「個人的理由」が68.0％(前年同期66.0％)でもっとも高く,次いで「契約期間の満了」が9.6％(同10.6％),「経営上の都合」が11.1％(同9.0％)である。1991年以降「個人的理由」の割合は減少傾向にあり,「経営上の都

合」の割合は上昇傾向にある。「契約期間の満了」の割合は，1998年以降，減少傾向にある。[4]

　以上から，バブル崩壊直後の不況において実施された雇用調整は，過去のそれと比較して，当初はその大きさとともに，調整方法が緩やかであったことがうかがわれる。また，そうであるがゆえに，企業の雇用過剰感は解消されず，さらに高い水準に留まっており，景気が緩やかに改善しても，適正な水準の雇用量を現実の雇用量が大きく上回っている企業では，適正な雇用量への調整が行われていると考えられる。また，一方では，失業者が蓄積されて失業率を押し上げている。

(3) 労働時間短縮と労働コストの上昇

　図表6－3は厚生労働省による「毎月勤労統計調査」から時間当たりの実質賃金指数の推移を示している。これによれば，総労働時間は，1988年から1994年にかけて12ポイント（1人平均月間労働時間にして17.2時間）減少している。[5]

　わが国の労働時間は第1次石油危機以降，それまでの減少傾向から一転して漸増傾向をたどり「長時間労働」が社会問題となった。しかし，1989年以降，急激に減少する。政府の旗振りで労使が取り組んだ「時短」が，経済環境の激変により思わぬ前進を遂げたことに原因が求められよう。しかし，これが当事者たちの意図とは無関係に，ワークシェアリングをもたらしたとみることもできる。その結果，今回の雇用調整が，解雇や希望退職者募集といった厳しい方法を回避する余地が生まれたと考えられるのである。

　しかし，労働時間の減少は，それが賃金の引き下げをともなわない以上，企業の賃金コストを上昇させる。時間当たり実質賃金指数をみるなら，石油危機以降，大きな変化のみられなかった数値が1985年以後は上昇に転じている。この傾向は，実質賃金指数が頭打ちとなった1990年以降も継続し，1997年まで上昇している。その他労務費の上昇等を考慮するなら，企業の労務費負担感へのインパクトは一層大きなものとなったにちがいない。企業の労働力過剰感はま

第6章　雇用の流動化の動向

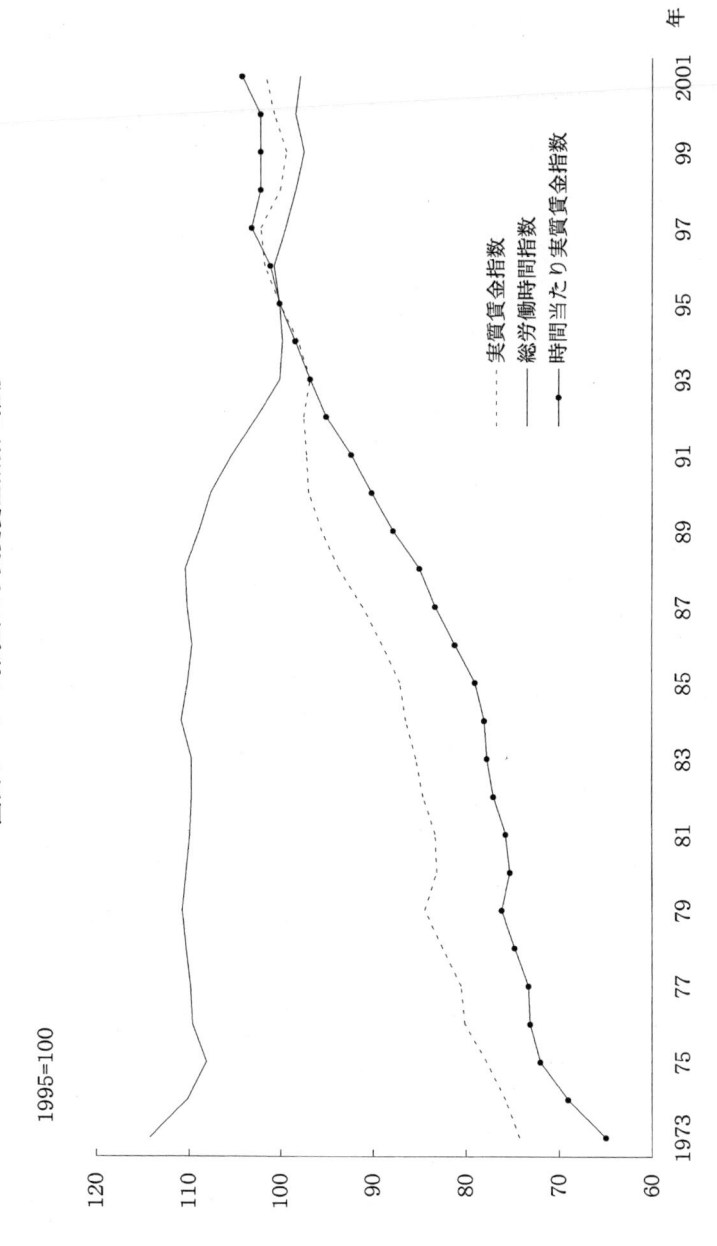

図表6-3　時間当たり実質賃金指数の推移

1995=100

凡例：
- ……… 実質賃金指数
- ――― 総労働時間指数
- —●— 時間当たり実質賃金指数

出所）厚生労働省「毎月勤労統計調査」より作成

すます強まったはずである。

　以上から，今回の不況における雇用調整の特徴を次のようにまとめることができる。

　まず第1に，希望退職・解雇といった厳しい方法については今までと同様に回避的な行動がとられたことである。一般に景気後退局面においては，わが国の企業は解雇などの厳しい雇用調整を直ちに実施しないため，実際の雇用量が適正な雇用量を大幅に上回り，雇用過剰感が高まる一方，景気回復局面では生産活動に拡大がみられても過剰雇用が解消するまでは雇用が増加しない傾向にある。バブル崩壊直後の不況においても，生産活動の落ち込みの大きさに加え，雇用過剰感が解消されないうちに新たな景気後退局面に入ったことから，雇用過剰感の水準は一層高くなったと考えられる。その結果，生産活動が緩やかに改善しても解雇を含む厳しい雇用調整が行われている。経済企画庁（2001年度調査からは，内閣府経済社会総合研究所）による2000年度の「企業行動に関するアンケート調査」によれば，「適正な雇用水準になるまでの期間」は全産業の60％近くが「2年よりのち」と答えている。とくに50歳代の正社員についてみるなら，62.9％が「2年よりのち」と答えている。雇用調整は今後も継続されると考えられる。

　2001年度の同アンケート調査によれば，「管理・経営部門の人員削減」は57.0％で2番目に高く，4番目に高い「製造・営業部門の人員削減」の46.2％を含め，雇用調整に関わるものが比較的高い割合を示している。

　一方で，今後3年間について，「進展する」と「どちらかというと進展する」を合わせた割合をみると，「能力主義的処遇」が81.4％ともっとも高くなっている。また，「即戦力・専門性を重視した人材確保」についても，過去3年間で「進展した」と「どちらかというと進展した」を合わせた割合が37.4％であるのに対し，今後3年間で「進展する」と「どちらかというと進展する」を合わせた割合は74.9％と大幅に伸びている。

　第2に，労働時間の減少を通じて実施された「意図しない」ワークシェアリ

ングが，バブル崩壊直後の雇用需要の低下を相殺する方向に機能したことである。この時期の労働時間の急激な減少がなければ，今回の雇用調整の様相はもっと違ったものとなっていたと考えられる。わが国において労働時間が生産量の変動に対して敏感に反応するため，労働市場における雇用者の調整速度を労働時間の調整速度が上回ることは知られている[6]。つまり，日本の生産活動の変動率は先進諸国に比べて大きいにもかかわらず，雇用量の変動率は少ないのである。

その反面，企業の抱える雇用保蔵が大きくなり，かつてない水準まで雇用過剰感を押し上げる結果をまねいている。『労働白書』(2000年)の雇用判断D.Iによれば，1999年第1四半期にピーク(+24)に達しているが，この数値は第1次石油危機後1975年に並ぶ最高値である[7]。これまで，企業はこうした負担を日本的雇用慣行のコストとして受け入れてきたが，景気後退期が長期化する一方，経済成長の見通しが開けないといった厳しい経営環境のもとで見直しを迫られている[8]。

2　転職率の動向

前節では今回の不況期を通じて離職率が上昇している様子を確認した。本節では，転職率(就業者に占める転職者の割合)に注目して雇用の流動化を検討する。同一企業での勤続年数が短くなる一方で労働移動が頻繁になるにつれて，雇用の流動化が進行している。

(1) 転職率の上昇

1) 男女別転職率

総務省による「労働力調査特別調査」によれば，転職者(調査時点以前の1年間の離職経験者のうち調査時点で就業者となっている者)は，1991年以降上昇傾向をたどり，93〜94年と99〜2000年に減少しているものの，2001年には23万人増加して328万人に達している[9]。男女別では，男性167万人，女性161万人

図表6-4 転職率の推移

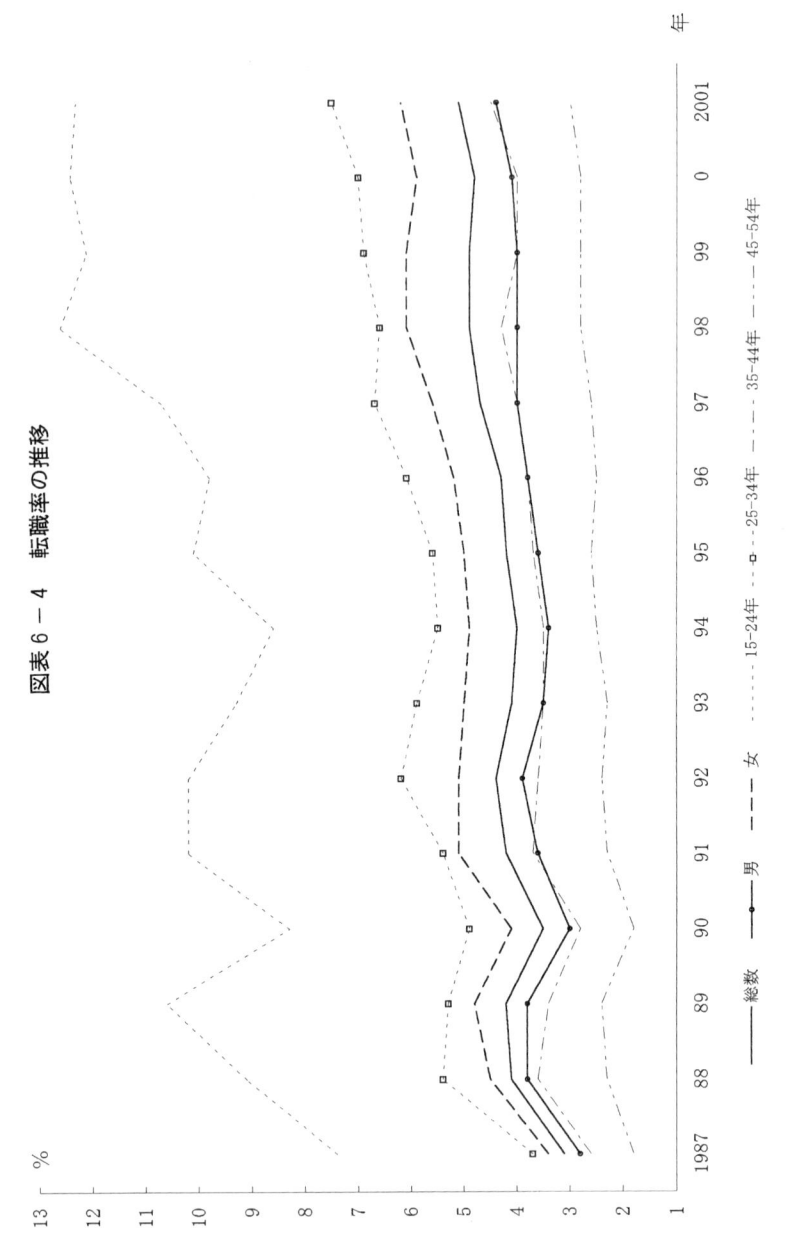

出所）総務省統計局「労働力調査特別調査」より作成

である。

図表6－4は転職率の推移を示している。1987年から90年にかけての転職者の増減は，円高不況とその後のバブル景気にほぼ照合する。すなわち，景気の拡張期に転職率が上昇し，後退期には下降している。しかし，1991年以降，転職率は上昇傾向にあり，とりわけ94年以降は上昇し続けており，1993年10月を谷としてその後に拡張期を経て97年3月にピークを迎え，2000年4月を谷とする新たな景気循環との間に前述のような相関を見出すことはできない。男女総数では94年以降上昇基調にあり，2001年には5.2％に達している。

男女別についてみるなら，1993年以降，女性が1.5から2ポイント近く男性を上回っており，女性の高い転職率が顕著になっている。女性の転職率が高い理由としては，正社員より比較的短期間で雇用関係が終了するパートタイム労働者の比率が高いことをあげることができる。「労働力調査特別調査」によれば，女性パートタイム労働者の転職率は1991年以降上昇傾向にあり，女性の転職率を引き上げる要因となっていると考えられる。なお，転職率は2001年に男性4.5％，女性6.2％に達している。

2）年齢別転職率

年齢別の転職率をみるなら，男女とも若年層ほど高く推移している。わが国の労働市場において，年齢の上昇とともに企業と労働者との間で処遇についてズレが大きくなり再就職が難しくなっている様子がうかがわれる。

男女別にみるなら，54歳までは一貫して女性の転職率が高いが，55歳以降，この関係は逆転して男性の転職率が高くなっている。女性労働者に占めるパートタイムの比率が高いことが，54歳まで女性の転職率を押し上げている一方で，55歳以上では，定年年齢に達した男性がそれまで勤務していた企業を退職して再就職することにより転職率が上昇し，男女の転職率が逆転すると考えられる。

2001年2月の調査から，産業別の入職率，離職率を計算して転職の状況を概観するなら，卸売・小売業，飲食店の入職率，離職率が各々，6.0％，6.6％ともっとも高く，次いでサービス業の6.4％，5.8％となっている。製造業は，入

職率,離職率ともに4.1％ともっとも低い。入職率と離職率の格差をみるなら,運輸・通信業で入職率が離職率を1.2ポイント(前年3.3ポイント)上回り,サービス業で0.6ポイント(前年0.6ポイント)上回っている一方,卸売・小売業,飲食店では入職率が離職率を0.6ポイント(前年0.6ポイント)下回っているのを除けば,その他の産業に大きな差はみられない。

(2) 転職率上昇の原因

転職率を上昇させた主な要因としては,企業都合による非自発的な転職者の増加,自己都合による転職者の増加が挙げられる。以下では,各々について検討する。

1) 非自発的転職者の増加

「労働力調査特別調査」から非自発的理由による転職者の推移をみるなら,1990年以降,95年(前年比4万人減)と2000年(前年比1万人減)を除けば,増加を続けている。1999年には前年から11万人増加して104万人に達した。90年には50万人であったから,倍増したことになる。前職の離職理由についてみるなら,「人員整理・会社倒産など」は非自発的理由総数の推移よりも景気変動に敏感に反応しているが,94年以降は従来に比べて高い水準にあり,1999年には26万人(前年比6万人増)に達した。

2001年の調査から「前職の離職理由」の項目が変更されたため,新たな項目である「事業所の閉鎖や会社倒産,自営事業の廃業」(21万人)「解雇や人員整理」(19万人)を従来の「人員整理・会社倒産」に対応させるなら,40万人(前年比15万人増)に跳ね上がったことになる。非自発的理由による離職者も116万人(前年比13万人増)に達した。〔1999年から始められた8月調査について2000年度の結果をみるなら,「事業所の閉鎖や会社倒産,自営事業の廃業」(24万人)「解雇や人員整理」(16万人)となっている。2001年8月調査では,離職理由の項目がさらに変わっており,単純な比較は難しいが,会社倒産,人員整理といった理由が増加していることが確認される。なお,非自発的理由による転職者は

111万人(前年同月比2万人減)である〕。

　総務省の「労働力調査」をもとに,年齢別に離職理由別の失業者の推移をみるなら,15～34歳の失業者の場合,自発的な理由による離職の増加が著しいのに対して,55歳以上の場合,非自発的理由による離職がとりわけ97年以降急増していることがわかる。従来安定していた35～54歳の場合も,非自発的理由による離職者が1997年以降急増し,99年には自発的理由による離職者を初めて上回っている[10]。

　近年,非自発的な理由による離職が増加している背景には,長期にわたる景気低迷により企業の雇用調整が従来の「新卒者の採用抑制」「労働時間の短縮」「配置転換・出向」といった方法から,早期退職者優遇制度や解雇といったより厳しい方法を通じた人員削減が図られている様子がうかがわれる。これまで,景気低迷期には企業が余剰人員を企業内に抱えることにより,ある程度失業者の増加を抑える役割をはたしてきたといわれる。しかし,景気低迷が長期にわたり,経営環境がますます厳しくなるなかで,こうした潜在的な失業者ともいえる余剰人員を抱えることが難しくなってきているとみられる。

2) 自発的転職者の増加

　「労働力調査特別調査」をもとに,自発的理由による転職者の推移を辿ってみる。自発的理由による転職者は1994年以来増加傾向にあったが,98年の220万人(転職者に占める割合は70.3％)をピークにその後若干減少している。内訳についてみるなら,「より良い条件の仕事を探す」が主な理由である。98年に105万人に達した後89万人で推移したが,2001年には再び101万人に増加している。

　図表6-5は就業者に占める転職希望者の割合を示している。1992年,93年にやや低下したが趨勢としては増加傾向にある。これを男女別にみると,男性は0.5ポイント,女性は0.2ポイント上昇し,男女ともに10.0％となっている。男性は7年連続,女性は6年連続の上昇である。男性は女性よりも低い水準で推移していたが,97年以降上昇幅が大きくなっており,2000年には女性と同率となった。自発的離職者には,自己都合退職となっていても,必ずしも本人の意

図表6－5　転職希望者比率の推移

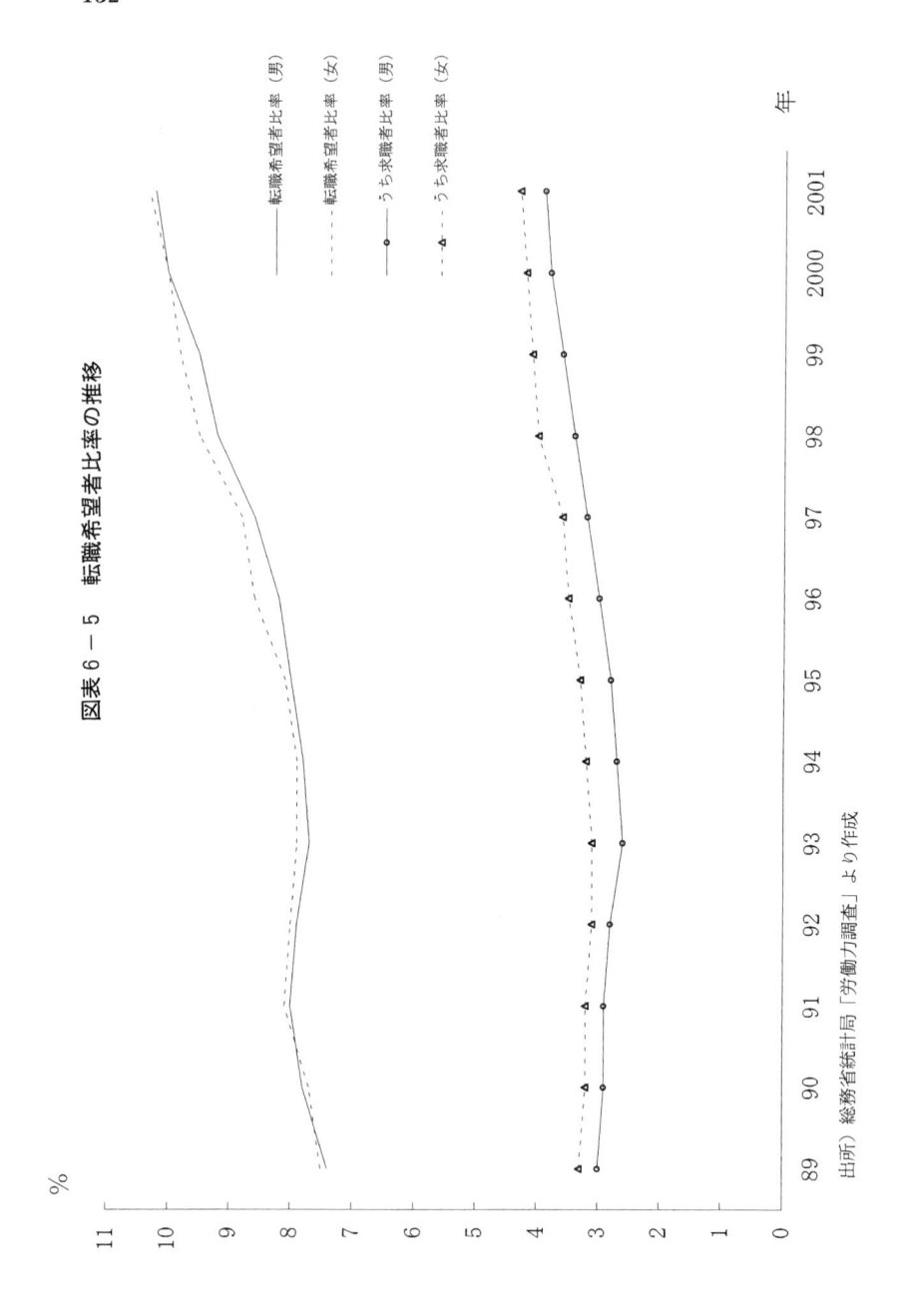

出所）総務省統計局「労働力調査」より作成

思ではなく実際には会社都合による非自発的な理由による離職者も含まれる可能性は否定できない。また、転職希望者の割合に比べて実際に求職活動をしている割合は半数以下となっており、転職を希望しても、実際の転職は容易ではないことがうかがわれる。

転職を希望する理由としては「もっと収入を増やしたい」がもっとも多く、自分の適性に合った仕事や、時間的・肉体的負担の大きさ、安定指向といった理由を上回っている。この点について男女の間に大きな相違はみられない。

社会経済生産性本部が1966年以来毎年実施している新入社員を対象とする『働くことの意識調査報告書』によれば、「あなたは、この会社で、ずっと働きたいと思いますか」の問に対して、「状況次第でかわる」が1994年以降増加を続け、2000年には過去最高の51.6％に達している。一方、「定年まで働きたい」と「とりあえずこの会社で働く」の合計は1993年以降減少傾向にあり、1999年から2年連続で38％の過去最低を記録しており、「定年まで働きたい」は、1999年以降15～16％に落ちこんでいる。

また2001年の同調査報告書によれば、「会社を選ぶとき、あなたはどういう要因をもっとも重視しますか」という問に対して、もっとも多かった回答は「自分の能力が活かせる」で、全体の31％であった。以下、「仕事がおもしろい」(19.5％)、「技術が覚えられる」(16.5％)と続く。このように個人の能力、技能や興味に関する項目に比べて、「一流企業だから」(2.2％)、「経営者に魅力を感じて」(3.2％)、「福利厚生施設が充実しているから」(1.1％)といった企業に関する項目は、ほとんど重視されていない。時系列でみるなら、1971年には「会社の将来性」が27％でトップであったが、2001年の調査結果では9％と1桁に落ち込んでいる。一方、「自分の能力・個性が活かせる」「仕事がおもしろい」「技術が覚えられる」は各々、19％→31％、16％→20％、7％→17％へと増加しており、報告書が述べるように、「終身雇用制の後退を背景とする、昨今の『就社』より『就職』という傾向を反映している」と考えられるのである。

(3) 企業の雇用動向の変化

長期にわたる景気低迷は企業の雇用動向にも目に見える変化を生じさせている。ここでは，企業の雇用政策を，中途採用，派遣労働者，パート・アルバイト労働者をとりあげる。

1）中途採用

企業は新規学卒者を一括で採用し，社内で長期にわたり人材育成を行ってきたが，昨今では外部市場からの中途採用にも積極的である。

新規学卒者の採用，中途採用者の使用状況(パートタイム労働者を除く)，今後の採用計画を調査テーマにあげた1998年の「雇用管理調査」から，職種別，年齢別にみた中途採用を行う企業の割合をみると，29歳以下の若年層で中途採用が顕著である[11]。技術・研究職と現業職では30歳代でも40％以上の企業が中途採用を受け入れている。また，年齢の上昇にともない，事務職の割合が急減するのに比べて，技術・研究職と現業職の中途採用には一定の枠が維持されている。管理職の場合，50歳以上についても50％以上の企業で中途採用を受け入れている。

企業が中途採用を実施する理由には，事務職と現業職では「退職者，転職者の補充」(71.3％)が，また，技術・研究職では「専門的知識を持った人材の確保」(54.0％)がもっとも多い。また管理職の場合，「専門的知識を持った人材の確保」(47.0％)や「多様な人材の確保による組織の活性化」(26.7％)があげられる。

今後の中途採用計画については，54％の企業が中途採用の導入を計画しており，企業規模別にみるなら，従業員30〜99人の中小企業では55％が，また，5,000人以上の大企業では約62％が中途採用を計画している。

採用管理をテーマにあげる2001年の「雇用管理調査」によれば，2000年を通じて中途採用を行った企業は，ほとんどの企業規模において80％を超えている。また，今後の中途採用計画についても，30〜99人規模の企業では39.7％にとどまっているが，1,000人以上の企業の53％，5,000人以上の企業の69％が計画を策定している。

これまで，中小企業では人員補充のために中途採用が広範に取り入れられてきたとされてきたが，新規学卒者の一括採用を中心にしてきた大企業が中途採用にも積極的になっているのが最近の特徴といえよう。その背景としては，① 有能な人材の確保，② 外部の人材による企業の活性化，③ 新規事業分野進出のための人材確保，等がある。

産業別にみるなら，1987年を通じて，電気・ガス・熱供給・水道業では中途採用は低位にとどまっていたが，2000年を通じて，55.8％の企業で中途採用が実施され，その他の業種では，65％以上の企業で中途採用が実施され，計画する企業が半数に達している。企業の規模，業種を問わず中途採用を計画している企業が多数を占めていることが明らかである。

2）派遣労働者

労働者派遣事業には常用雇用労働者のみを派遣する「特定労働者派遣事業」と，主に登録型の労働者を派遣する「一般労働者派遣事業」がある。常用雇用労働者以外の派遣労働者を抱える事業所は一般労働者派遣事業に分類される。常時雇用される労働者とは，雇用契約の形式によらず事実上期間の定めなく雇用されている労働者をさす。つまり，① 期間の定めなく雇用されているもの，② 一定の期間を定めて雇用されているもので，その雇用期間が反復継続されて事実上①と認められるもの，③ 日々雇用される者でも過去1年を超える期間について引き続き雇用されている者，または採用から1年を超えて引き続き雇用されると見込まれるもの，のいずれかに該当するものである。

一般労働者派遣事業は，派遣労働者を希望する労働者を登録し，仕事のある期間だけ雇用して派遣する形態をとる。登録型の労働者派遣事業である。特定労働者派遣事業に比べて雇用が不安定になりがちなので，許可制がとられている。以下では，労働省(現厚生労働省)による「労働者派遣事業報告」の集計結果から派遣事業の概要を描いてみる[12]。

派遣業務としては，一般労働者派遣事業においては，常用雇用労働者では事務用機器操作，取引文書作成，財務処理の順，常用雇用以外の労働者では，事

務用機器操作,取引文書作成,ファイリングの順,登録者では事務用機器操作,ファイリング,取引文書作成の順で多くなっている。また,特定労働者派遣事業ではソフトウェア開発,事務用機器操作,機械設計の順で多くなっている。

派遣労働者は1986年に労働者派遣法が制定されて以来,91年度までに急増した。1980年代後半からの景気の拡大を背景に正社員の人手不足が派遣労働者やパート,アルバイトにより補われた結果とみられる。1992年度には景気低迷を反映して増加率が前年比4.7％に抑えられたが,翌93年度には前年度比12.0％の減少を記録した。これは,景気低迷による雇用調整が派遣労働者などの非正社員を中心とした人員削減から着手されたことを意味すると考えられる。

しかし,1994年度以降再び増加に転じ,96年度と97年度には2桁の伸びを示した。その後も98年度を除いて毎年20％近い伸びを続け,2000年度には29.8％の大幅な増加を記録した。94年度に57万人であった派遣労働者は,2000年度に139万人まで達したのである。

2000年度の派遣労働者の料金は,8時間換算で,一般労働者派遣事業ではアナウンサーの26,390円から建築物清掃の12,697円であり,1ヵ月20日間勤務として年間の費用は633万円から304万円になる。一方,特定労働者派遣事業では,セールスエンジニアの34,900円から添乗の12,216円であり,同じく年間の費用は837万円から293万円になる。専門性の高い業務範囲では賃金コストは決して低くはないことがうかがわれるが,福利厚生面や人材育成にかけるコストがかからないこと,企業が必要なときに必要な能力をもった人材を迅速に確保できること,また,企業活動に応じて一時的な人員補充ができることなど,全体的な人件費コストを抑制できるという観点から企業により積極的に導入されていると考えられる。

なお,派遣労働者数のデータとしては総務庁統計局（現総務省統計局）により5年ごとに実施される「就業構造基本調査」と前出の「労働者派遣事業報告」をあげることができる。前者は個人を対象としているが,労働者派遣法が適用されている労働者に限られている。直近の調査(1997年)によれば,約26万人で

ある。実際には，百貨店の派遣店員，建物サービス従業員をはじめとして企業間の請負契約等により雇用されている事業所とは異なる事業所で働く労働者が多数存在する。

　後者は派遣事業の事業主を対象としており，常用雇用型労働者については実数を把握できるが，それ以外の労働者数は，常用雇用以外の労働者の年間総労働時間数の合計を常用労働者1人当たりの年間総労働時間数で割ったものであり，通常の労働者数とは異なる。つまり，常用雇用労働者以外の派遣労働者が多い登録型派遣労働者は就業時間の少ない者が多く，その実数は把握できないのである。また，「労働者派遣事業報告」の「登録者数」(2000年度，111万人)は，複数の事業所に登録することが少なくないため，実際の労働者数よりも多いと考えられる。「就業構造基本調査」から派遣労働者の男女比をみるなら，1：4で女性が多く，また，年齢分布は25〜29歳にピークがある。パートに比べて年齢層がかなり若くなっている。なお，2000年度の「労働者派遣事業報告」によれば，常用雇用労働者の増加率は一般労働者派遣事業21.7％，特定労働者派遣事業115.5％と高い比率で推移しているが，その数はパートタイマーに比べてはるかに少ない。

3）パート・アルバイト労働者

　ここでいうパート・アルバイトとは，「労働力調査特別調査」「就業構造基本調査」に表される職場での呼称によるパートやアルバイトである。「労働力調査特別調査」をもとに，呼称によるパート・アルバイトについてその推移をみるなら，1985年以降増加を続け，95年からは増加率も高まっている。2001年には1,152万人（前年1,078万人），雇用者に占める比率は，23％（前年22％）に達している。

　企業がパート比率を上昇させる要因としては，産業構造変化による効果と産業内変化による効果があげられる。過去10年間についてパート比率の推移を業種別にみるなら，卸売・小売業，飲食店，サービス業などで上昇が顕著である。これらの業種でパートを雇う理由としては「人件費節約のため」「1日，週の

中の仕事の繁閑に対応するため」が多い[13]。それでは，人件費削減のために正規労働者からパート就業者への代替はどのように進められているのか。『労働白書』(2000)によれば実際の雇用の増減について正規からパートへの代替は１割弱にすぎないのに対して，一般もパートもともに減少している事業所は４割を占めている[14]。つまり，雇用削減が進行する分野では一般もパートもともに削減されている事業所が多いと考えられる。また，一般，パートもともに増加させている事業所は３割強であるが，パートの増加がかなり大きくなっている。成長分野でも正規の増加を抑えてパートを中心とした雇用拡大が進められている様子がうかがわれる。このように，パート比率を上昇させている要因としては，雇用を増加させる事業所において一般労働者よりもパート労働者が増加していることをあげることができる。しかし，パート・アルバイトがすべての企業で同様に増加するわけではなさそうである。

日本労働研究機構の「労働力の非正社員化，外部化と労務管理に関するアンケート調査」(1999)によれば，ホワイトカラーが中心と考えられる卸売業，金融・保険業，不動産業，対事業所サービス業では全体に正社員を増やした事業所よりも減らした事業所が多いものの，経営が順調な事業所では正社員を増加している事業所が多くなっている。また，高付加価値化を進める事業所でも正社員を増やしている事業所が多い。これに対して，低価格戦略を採った場合には正社員が減る傾向が指摘されている。

⑷　雇用慣行変化の方向性

１）企業の雇用方針

現状では長期継続的雇用制度や年功制度の賃金体系等の雇用慣行を採用している企業が多い。1997年に実施された経済企画庁の「日本的経営システムの再考：平成10年企業行動に関するアンケート調査」(1998)によれば，雇用形態面では長期継続的雇用を主流とする企業が95%，処遇面では年功主義的処遇を主流とする企業が57%，人材面では長期視点からの人材育成を主流とする企業が

78％を占めており，いわゆる日本的雇用慣行が主流となっている様子がうかがえる。しかし，今後5年間に重要性の高まる方針としては，長期継続的雇用は56％，年功主義的処遇は9％，長期視点からの人材育成は39％となっており，年功主義的処遇を中心に見直しが進むとしている。

しかし，こうした変化はすべての企業に一様に起こるとは考えられない。個々の企業の業務内容や経営のあり方により異なるものになろう。従来型の雇用慣行が尊重される企業は今後とも少なくとも多数を占めると考えられるが，そこでも勤労意欲や業務遂行能力の向上といった問題が解決されなければならない。一方，能力主義をベースとして従業員間の競争や組織の活性化を重視する企業では，専門職や技術者など外部からの即戦力の中途採用など新たな雇用形態が進行すると考えられる。しかし，処遇面ではほぼ90％の企業で，能力主義的な処遇の重要性が今後高まると予想されており，賃金制度の見直しは避けられないとみられる。1999年に実施された「収益改善努力とリストラの今後：平成12年企業行動に関するアンケート調査」(2000年)が示すように，とりわけ，正社員と50歳代の労働者に対する雇用の過剰感が根強く，半数以上の企業が適正な雇用水準を達成するまでに2年以上が必要と予想しており，今後も事業のリストラは進められると考えられるからである。

2）多様化する雇用形態

従来，定年退職後に再び就業する例は社会全体からみるならごく一部にとどまっていたが，今後，若年労働力が減少するなかで，高齢者の労働力が必要とされる場面も予想される。その際，体力や経済的な理由から必ずしも正社員としてのフルタイム就業が希望されるわけではなく，勤務時間等を自由に選択できる就業が希望される場合も多い。

既婚女性についても，さまざまな理由で一度離職した後に，再び労働市場に復帰する割合は増傾向にあり，多様な就業ニーズに応じられる雇用形態が広がればさらに多くの就業機会の拡大が見込まれる。

人材派遣については，1986年に施行された労働者派遣法は，1999年12月の改

図表6-6 男女、就業形態別にみた職場での満足度指数

| | 正社員 | | 非正社員 | | 派遣労働者 | | | | パートタイマー | | | |
| | | | | | 登録型 | | 常用型 | | 短時間 | | その他 | |
	男性	女性	男性	女性	男性	女性	男性	女性	男性	女性	男性	女性
仕事の内容・やりがい	73.9	68.9	77.5	68.5	61.2	37.6	66.3	43.9	83.1	67.8	79.4	68.6
賃金	2.4	-0.8	23.3	18.3	10.7	-8.2	-13.2	-14.8	48.8	27.0	-1.5	1.7
労働時間・休日数	41.3	43.9	70.9	77.8	69.8	84.4	72.0	53.2	82.4	84.4	67.8	67.4
出勤時刻など勤務体制	56.6	71.0	77.8	89.5	56.9	88.4	79.8	60.9	90.7	97.5	77.2	81.5
評価・処遇のあり方	14.8	17.7	34.6	27.4	31.7	23.4	18.1	17.6	43.7	33.7	36.4	16.3
職場の環境	38.5	36.3	52.9	42.1	22.3	45.5	58.3	54.5	61.4	43.3	45.1	33.2
職場の人間関係、コミュニケーション	51.6	55.5	66.7	63.1	44.7	52.2	79.9	55.8	79.2	67.9	64.5	55.8
雇用の安定性	53.0	60.3	49.9	39.4	18.0	10.0	28.8	-3.5	60.3	47.1	45.5	30.9
福利厚生	18.2	21.0	21.3	2.3	-2.5	-19.0	7.7	-22.5	19.9	1.1	21.0	1.5
教育訓練・能力開発のあり方	4.2	2.9	10.5	-4.5	-19.5	-23.5	-8.3	-29.0	17.9	-1.5	-0.1	-11.0
職業生活全体	33.5	30.2	43.6	33.4	14.3	27.4	38.8	13.7	49.2	36.4	39.5	28.1

注) 各設問について「満足」「まあ満足」「どちらともいえない」「やや不満」「不満」の5つの選択肢がある。ここでは、各々の回答の比率(%)に+2、+1、0、-1、-2を乗じた総和を「満足度指数」とした。
出所)「平成11年就業形態の多様化に関する総合実態調査」より作成

正法施行により，適用対象業務が拡大され，派遣期間の制限，その他労働者保護措置についても見直しが行われた。適用対象業務は，港湾運送，建設，警備，など一部を除いて自由にする「ネガティブ・リスト化」が図られ大幅な業務拡大が見込まれている。これにより，人材派遣業の対象業務はホワイトカラー全般におよぶことになる。企業にとり流動的であると同時に労働者にとっては自由度の高い雇用形態は，産業構造の変化に対応する滑らかな労働移動を促すと考えられる。正社員の採用に積極的でない企業も派遣社員は採用しやすいことから，雇用機会の拡大が期待される。また，新規学卒者を派遣元事業主が雇用して，一定の教育訓練の後に派遣する「新卒派遣」も行われはじめている。教育訓練を施された人材を即戦力として一時的に活用したいとする派遣先のニーズと，企業で派遣労働者として一定期間働く経験を通じて適職選択をしたいと考える新卒者のニーズが合致する面があり，新たな就業形態として広がる可能性もある。

3 多様な就業形態

前節では，企業が経済環境の変化に対応しながら雇用形態を多様化する傾向が確認された。本節では，こうした状況を労働者の職業生活に対する満足度をもとに，就業形態の多様化を検討する。

(1) 就業形態別の満足度

就業形態別に職業生活の評価を試みたのが図表6-6である。労働省「平成11年就業形態の多様化に関する総合実態調査」(以下，「総合実態調査」と略記)の個人調査をもとに「満足度指数」を算出している[15]。この表からは次の点が明らかとなる。

仕事の内容・やりがいの満足度はいずれの職業形態でも高い。正社員と非正社員との差も小さいといえる。この項目で最高値は男性パートタイマーである。パートの仕事は補助的な業務や単純な業務が多いといった議論があるが，この

項目に関するパートタイマーの満足度は正社員を大きく上回っている。

　賃金に関する満足度は，就業形態によりかなり異なっている。正社員の満足度を非正社員のそれが大きく上回っている。ここでも，最高値は男性パートタイマーであるが，パートタイマーの満足度は男女とも正社員を圧倒している。パートタイマーの時間当たり賃金は正社員に比べて低いことが知られているが，満足度は高いことに注目したい。

　労働時間・休日については，正社員に比べて非正社員の満足度が高い。パートタイマーの労働時間が柔軟性に富んでいることは知られている。労働時間の柔軟性の程度と満足度指数が相関していることがうかがわれる。

　評価・処遇に関しては正社員の水準が低かった。

　職場の環境や職場の人間関係については，正社員に比べて非正社員の満足度が高い。

　雇用の安定性については，派遣労働者の満足度が低い。正社員の満足度が高いのは当然といえるかもしれない。

　福利厚生については派遣労働者，とりわけ，登録型の場合に満足度がマイナスとなっており，就業形態により福利厚生を享受していない様子がみてとれる。

　教育訓練・能力開発のあり方については，登録型の派遣労働者が著しく低い一方で，男性パートタイマーでは高くなっている。

　職業生活全体については，正社員に比べて非正社員が上回っている。しかし，パートタイマーの満足度が男女ともに正社員のそれを大きく上回るのに対して，派遣労働者の満足度は低位にとどまっている。

　非正社員，とりわけパートについては正社員に比べて賃金が安いこと，またパートと登録型の派遣労働者については，雇用が不安定であることが指摘されている。確かに常用型の派遣労働者の場合，賃金に対する満足度は男女ともにマイナスであり，雇用の安定性についても正社員の数値を下回っている。派遣労働者，パートの場合も，雇用の安定性に対する満足度は決して高くない。しかし，登録型派遣労働者の男性では賃金について正社員より高く，パートでは

男女ともに正社員を大きく上回っている。また，職業生活全体に関する総合的な満足度では非正社員が正社員を上回っている。とりわけ，パートでは男女ともにこの項目での最高値となっている。こうした状況の背景には，労働者により労働の目的や就業のニーズが異なっており，異なる志向やニーズをもつものにより，異なる評価が下されていることがうかがえる。

(2) 異なる就業形態の担い手

就業形態別に，年齢，就業の理由についてのデータからその一端が明らかである。

「総合実態調査」の第12表「性，非正社員就業形態，年齢階級別労働者割合」から非正社員の割合を年齢階級別にみると，40～49歳25.4％，20～29歳23.7％，50～59歳19.1％となっている。これをさらに性別でみると，男性では20～29歳31.9％，60～64歳15.6％，50～59歳15.0％，女性では40～49歳30.6％，30～39歳21.1％，50～59歳20.8％となっている。また，短時間のパートは男性では20～29歳で45.2％ともっとも高いのに対し，女性では40～49歳が35.3％ともっとも高い。その他のパートも，男性では20～29歳が34.7％でもっとも高いのに対し，女性は40～49歳が28.6％ともっとも高くなっている。

「総合実態調査」の第13表「非正社員の就業形態，現在の就業形態に就いた理由別労働者割合」から非正社員が現在の就業形態についた理由（複数回答）をみるなら，「家計の補助，学費等を得るため」34.2％，「自分の都合のよい時間に働けるから」32.8％，「通勤時間が短いから」30.5％で割合が高い。これを就業形態別にみると，短時間パートでは，「自分の都合のよい時間に働けるから」43.9％，「家計の補助，学費等を得るため」41.2％，「勤務時間や労働日数が短いから」37.3％，「家庭生活や他の活動と両立しやすいから」36.0％，「通勤時間が短いから」35.5％で割合が高く，その他のパートでは，「家計の補助，学費等を得るため」32.3％，「通勤時間が短いから」31.4％，派遣労働者では，「正社員として働ける会社がなかったから」29.1％，「組織にしばられないから」

26.8％,「専門的な資格・技能が活かせるから」25.7％で割合が高くなっている。また,契約社員では,「専門的な資格・技能が活かせるから」37.1％, 臨時的雇用者では,「家庭生活や他の活動と両立しやすいから」47.4％,がそれぞれもっとも高くなっている。

以上から,パートの担い手として,40～49歳の女性が考えられる。女性の場合,40～49歳にピークがあり,家庭内で時間的余裕のできた既婚女性が「家庭生活や他の活動と両立しやすいから」また「家計の補助,学費等を得るため」に「自分の都合のよい時間に働ける」短時間パートを選択している様子がうかがわれる。

男性の場合,24歳以下の若年層が大半であること,そして,「家計の補助,学費等を得るため」に「自分の都合のよい時間に働ける」短時間のパートを選択していることがうかがわれる。また,60～64歳で高い数値となっており,定年後に再び労働市場に参入する高齢者パートの姿が浮かび上がる。

2001年の「労働力調査特別調査」からもこうした傾向が確認できる。まず第1に,パート・アルバイト総数の77％が女性であること。その67％を有配偶者が占めていることである。しばしば,指摘されるように既婚女性がパート・アルバイトの主たる担い手であることが確認される。また,パートに限ってみるなら,既婚女性が総数の約78％を占めており,その主たる担い手であることがわかる。

第2に,15～24歳の若年層にもうひとつのピークがあること,とくに,男性の場合,15～24歳の若年層がパート・アルバイト総数のほぼ半数を占めており,なかでも「在学中」が約31％でもっとも高く,学生が主な担い手であることが認められる。また,アルバイトに限ってみると,24歳以下の若年層が約58％を占めており,その主たる担い手であることが認められる。これに対して,24歳以下の若年層がパートに占める割合は4％をわずかに上回るにすぎない。アルバイトの主たる担い手は学生を含む24歳以下の若年層であり,パートの主たる担い手は既婚女性であることが確認される。

第3に,55〜64歳,65歳以上の高齢者については,嘱託・その他とならんで,パート・アルバイトが定年後の再雇用の大きな部分を占めていることである。以上から,非正規労働の大半を占めるパート・アルバイトの担い手として,既婚女性,学生を含む若年層,そして高齢者をあげることができる。また,就業時間についても,パート・アルバイトでは,35時間未満が35時間以上のほぼ1.5倍であり,短時間労働であることが確認される[16]。

既婚女性,学生を含む若年層,高齢者はどのような理由で非正規労働を選択したのだろうか。「総合実態調査」の第13表によるなら,主な理由は,「家計の補助,学費等を得るため」「自分の都合のよい時間に働けるから」「通勤時間が短いから」「家計の補助,学費等を得るため」「勤務時間や労働日数が短いから」「家庭生活や他の活動と両立しやすいから」であった。しかし,そのなかに「正社員として働ける会社がなかったから」という項目がある。これはその他の積極的な理由と異なり,どちらかといえば「消極的な理由」であるが,この項目は,短時間のパートについて8.5％にすぎない。派遣労働者29.1％,契約社員29.3％,その他のパート19％に比べるなら,就業の理由が必ずしも「消極的な理由」でなかったことがうかがえる。また,「総合実態調査」の第15表によれば,「現在の就業形態を続けたい」が81.8％,しかもその大半が「現在の会社で」と回答しており,現在の就業形態に満足してそのままの就業形態を希望する様子がうかがえる[17]。2001年の「労働力調査特別調査」(第7表)でパート・アルバイト就業者における「転職・追加就業非希望者」が72％(前年75％)を占めていることからも,こうした傾向が確認できる。

とくに短時間パートが選択される際に重視される「価値」について,「総合実態調査」は,「生活重視」と「仕事重視」をあげる。第21表により,就業形態および性別に「生活重視度合い」(D.I.)を比較してみる。この数値が高いほど仕事よりも生活を重視する程度が強いことになる。これによれば,男性の正社員(−2.7ポイント),女性の正社員(6.6ポイント)に比べて,女性の非正社員,とくに短時間のパート(56.1ポイント),登録型派遣労働者(50.5ポイント)が高

くなっている。男性では，短時間のパート(33.3ポイント)，登録型派遣労働者(32.2ポイント)が高くなっている。女性の短時間パートで「生活重視」の傾向がもっとも高く，パートの大半を占めるこのグループが，仕事よりも生活を重視する「働き方」を選好していることがわかる。

　ここから非正規労働就業者は，「生活重視」という価値を有し，生活と折り合いをつけやすい就業形態を積極的に選択している様子がうかがえる。つまり，短時間のみならず，始業，終業時間から，1日および1週間の労働時間まで，柔軟に変更できることが重視され，そのためには，賃金について妥協することも厭わないのである[18]。「正社員として働ける会社がなかったから」といった「消極的な理由」ではなく，自らの価値を尊重できる就業形態であるがゆえに，冒頭でみた「職業生活全体に関する満足度」が非正社員において高く，とりわけ，女性パートで最高値となっているのであろう。

4　結論：今後の課題

　非正規雇用の大半を占めるパートに関しては正社員に比べて賃金が低いこと，雇用が不安定であることが指摘されている。図表6-6の満足度指数でも，雇用の安定性については非正社員で低位である。賃金については，時間当たりの金額が明らかに低いにもかかわらず，男性短期パートにもっとも顕著であるが，正社員を上回っている一方，非正社員であっても，常用型派遣，その他のパートの満足度が際立って低い。後者の労働時間は短時間パートに比べて柔軟でないことが知られており，この点が賃金への満足度指数を押し下げたと考えられる。

　こうした状況の背景には，異なる価値を有し，就業に対する異なるニーズをもつ者が，それに適した就業形態を選択している様子がうかがえる。たとえば，既婚女性の多くは，男性の正社員とは異なる価値と職業ニーズを満たすことのできる職業形態を選択しているのである。もちろん，こうした就業形態のすべてが自発的な選択の結果ではない。ほかの就業形態を希望するグループも少な

からず存在する。たとえば，派遣労働者は約26％が他の就業形態に変わりたいと考えている。その理由は，このグループが「正社員として働ける会社がなかったから」この就業形態に就いた割合が高く，とくに常用雇用型派遣の場合，相対的に仕事を重視する傾向がみられるからであろう。ここでは，就業形態をより円滑に転換できる方法の整備が課題である。

　いずれの就業形態についても各グループの満足度を引き上げる余地は少なくない。しかし，その方法は従来のように相互の差異をなくすというより，各グループのニーズを満足させるものでなければならないはずである。自らの価値を尊重するために，多様な就業形態を選択する各々のグループに対し，より高いレベルの満足を提供することが求められているのである。これとならんで，労働者により価値や就業ニーズが異なることを前提として，それに応じた就業形態が選択されていることについての分析が今後進められなければならないであろう。

注）
1）常用労働者30人以上を雇用する民営事業所から抽出事業所を対象に雇用調整事業所の割合を産業・規模別に調査するとともに，雇用調整の実施方法の実績と予定を調査する。
2）労働省編『労働白書』(2000年)付属統計表，第16表，p.369
3）「雇用動向調査」は5人以上の常用労働者を雇用する民営，公営および国営の事業所を対象として，主要産業の事業所における入職・離職の事情を調査しているため，失業の主な原因を調べる資料となる。
4）「契約期間満了による離職率」を計算するなら，過去，1978年の1.02％，1987年の1.14％がピークとなっている。これに対して，いわゆるバブル崩壊後の1991年から1993年までは，1.25〜1.26％という高率で推移した。こうした変化の原因のひとつには，有期契約労働者の増加があげられる。全労働者に占める有期契約労働者の割合は，1975年の4.40％から1992年の6.28％へと増加したからである。とはいえ，1980年代後半以降，有期契約労働者の契約期間満了による離職率の増減が景気変動に一致することから，雇用調整の有効な方法となっていることがうかがえる。とりわけ，バブル崩壊直後の不況において，その当初より有期契約労働者に対する雇用調整が積極的に行われたこ

とが確認される。
5) 全国調査，地方調査は，9大産業に属する常時5人以上を雇用する事業所を対象として，雇用，賃金および労働時間の，全国ならびに都道府県別の毎月の変動を把握している。
6) たとえば，以下を参照。島田晴雄「労働市場機構の研究」大蔵省印刷局，1981年
7) 労働省編『労働白書』(2000年), p.99
8) 現在進められている雇用調整の背景には，情報化，規制緩和や会計基準見直しなどが含まれる。日本労働研究機構「リストラの実態に関する調査」(1998年)によれば，過去1年以内に正規従業員を減少した理由として，「技術革新・合理化・省力化」をあげている企業が54.1％，「組織再編成による間接部門の縮小」をあげる企業が42.3％となっている。また，「規制緩和の影響による競争激化」をあげる企業が25.4％となっている。労働省「産業労働事情調査」(1999年)によれば，規制緩和によるマイナスの影響を受けている業種としては，電気・ガス・熱供給，金融・保険業，運輸・通信業があげられる。

しかし，雇用に対する規制緩和の影響はマイナス面だけではない。経済企画庁「規制分野における雇用再配置の動向」(2000年)は90年代を通じて規制緩和が進展した電気通信業，小売業等10業種について雇用の増減を検証した結果，規制緩和はこれらの業種における労働移動を活発化したが「入職者と離職者への影響はおおむねバランスしている」として，「規制改革の進展が雇用に対してマイナスのインパクトをもたらしたといえない」と結論づけ，「規制改革の着実な進展を図ることにより，成長分野へ向けダイナミックな雇用再配置がなされ，経済全体のパイの拡大を通じて雇用環境を改善していくという戦略が引き続き有効である」と「規制改革の効果」を強調している。

また，製造業など他の産業における需要の拡大等による雇用の下支えを考慮するなら，雇用に対する「規制改革の効果」はより大きなものになると考えられる〔規制改革分野全体として，92～94年および98～99年に述べ110万人前後の入職者数の押し上げ効果がみとめられる一方，離職者数については140万人(景気循環の影響を除くなら90万人)の押し上げ効果が試算されている〕。

9)「労働力調査特別調査」は毎月の「労働力調査」を補う目的で毎年2月に行われる。国民の失業および不完全就業の実態，就業移動の状況，就業および不就業の状態を詳細に調査している。非就業者に関して，求職方法，求職理由，失業期間などについて調べており，労働市場の質的性格を知るうえで有用な情報を提供している。1999年からは，2月と8月に実施。

10) 「労働力調査」は，わが国に居住する全人口を対象とし，就業，不就業の状態を示している。雇用情報に関する情報を得るための代表的な統計であり，男女別，年齢別，常用・臨時・日雇別の水準も把握できる。
11) 「雇用管理調査」は本社の常用労働者が30人以上の企業を対象として，企業における労働者の採用から退職に至る一連の諸管理の状況を各年ごとにテーマを決めて調査し，わが国における雇用管理状態の実態を明らかにしている。本調査は，労働者を数量的にとらえるのではなく，労働力の需要を管理面からとらえている。
12) 最新は，2001年12月28日に厚生労働省より発表された「労働者派遣事業の平成12年度事業報告の集計結果について」である。
13) 労働省編『労働白書』付属統計表，第38表，p.388。原資料は「就業形態の多様化に関する総合実態調査」(1999年)
14) 原資料は，労働省「雇用動向調査」(1998年)
15) 「就業形態の多様化に関する総合実態調査報告」は全国で常用労働者5人以上を雇用する事業所および，全国で常用労働力を30人以上雇用する事業所に従事する労働者を対象として，正社員並びに出向社員，派遣労働者，パートタイム労働者および臨時，日雇い等の非正社員の別に，働き方の多様化の実態，背景および今後の動向，多様化進展の一因と思われる労働者意識を明らかにしている。前回は1994年に実施された。1994年の「就業形態の多様化に関する総合実態調査報告」の個人調査について佐藤(1998)が満足度指数を算出している。
16) 以上に関しては，「労働力調査特別調査」(2002年)の第2表を参照。
17) 現在の就業形態の継続意思を非正社員についてみると，「現在の就業形態を続けたい」労働者の割合は76.1％で，「他の就業形態に変わりたい」労働者の割合は13.5％となっている。就業形態別に「現在の就業形態を続けたい」労働者の割合をみると，短時間のパート81.8％，その他のパート71.7％，臨時的雇用者69.0％，契約社員65.0％，派遣労働者62.4％となっている。
18) 満足度指数が「労働時間・休日数」，「出勤時刻など勤務体制」で全項目中もっとも高い数値であることからも，この点は確認される。年齢，性別の分析を行うなら，より明確な結果がもたらされるであろう。

参考文献

古郡鞆子『非正規労働の経済分析』東洋経済新報社，1997年
八代尚宏『日本的雇用慣行の経済学』日本経済新聞社，1997年
Atkinson, John, "Changing Corporation", in David Clutterbuck ed., *New*

Patterns of Work, Gower, 1985.
佐藤博樹「非典型的労働の実態」『日本労働研究雑誌』462号12月，1998年
鈴木宏昌「先進国における非典型的雇用の拡大」『日本労働研究雑誌』462号12月，1998年
日本労働研究機構「日本経済の柔軟性と雇用」日本労働研究機構，1991年
日本労働研究機構「リストラの実体に関する調査結果報告書」日本労働研究機構，1998年
日本労働研究機構「労働力の非正社員化，外部化の構造とメカニズム」日本労働研究機構，2000年
社会生産性本部「平成13年度新入社員 働くことの意識調査報告書」2001年
総務庁統計局編「労働力調査年報」（1996年～1999年）日本統計協会，1997年～2000年
総務省統計局編「労働力調査年報」（2000年）日本統計協会，2001年
総務庁統計局編「労働力調査特別調査報告」（1999年2月，8月調査）日本統計協会，2000年
総務省統計局編「労働力調査特別調査報告」（2000年2月，8月調査）日本統計協会，2001年
総務省統計局編「労働力調査特別調査報告」（2001年2月調査）日本統計協会，2002年
労働省労働統計調査局編「平成12年版労働白書」日本労働研究機構，2000年（平成13年より「労働経済白書」に改題。）
労働省労働統計調査局編「平成11年版労働白書」日本労働研究機構，1999年
総務庁統計局統計調査部編「就業構造基本調査：結果の概要」（平成9年調査）日本統計協会
厚生労働省大臣官房統計情報部編「平成11年就業形態の多様化に関する総合実態調査報告」財務省印刷局，2000年
労働省大臣官房政策調査部編「平成6年就業形態の多様化に関する総合実態調査報告」大蔵省印刷局，1996年
内閣府経済社会総合研究所編「ITがもたらす企業経営改革：平成13年企業行動に関するアンケート調査報告書」財務省印刷局，2001年
経済企画庁調査局編「収益改善努力とリストラの今後：平成12年企業行動に関するアンケート調査報告書」大蔵省印刷局，2000年
経済企画庁調査局編「日本的経営システムの再考：平成10年企業行動に関するアンケート調査報告書」大蔵省印刷局，1998年
労働省職業安定局「労働者派遣事業報告集計結果」雇用問題研究会，2000年

厚生労働省大臣官房統計情報部編「平成13年 雇用管理調査結果」労務行政研究所，2001年
労働省大臣官房統計情報部編「平成10年 雇用管理調査結果」労務行政研究所，1998年

以下については，本章中で該当する各年度を利用。
厚生労働省大臣官房統計情報部編「雇用動向調査報告」財務省印刷局
厚生労働省大臣官房統計情報部編「賃金センサス：賃金実態総合調査結果報告書」労働法令協会
厚生労働省大臣官房統計情報部編「毎月勤労統計速報」労働法令協会

Websites
総務省統計局「労働力調査」：http://www.stat.go.jp/data/roudou/2.htm
総務省統計局「労働力調査特別調査」：
http://www.stat.go.jp/data/routoku/index.htm
総務省統計局「就業構造基本調査」：
http://www.stat.go.jp/data/shugyou/index.htm
厚生労働省「雇用動向調査」：
http://ww.mhlw.go.jp/toukei/itiran/roudou/koyou/doukou-01.html
厚生労働省「雇用管理調査」：
http://www.mhlw.go.jp/toukei/itiran/roudou/koyou/kanri-01.html
厚生労働省「労働経済動向調査」：
http://www.mhlw.go.jp/toukei/itiran/roudou/koyou/keizai-01.html
厚生労働省「毎月勤労統計調査」：
http://www.mhlw.go.jp/toukei/itiran/roudou/monthly/maituki-01.html
厚生労働省職業安定局「労働者派遣事業の平成12年度事業報告の集計結果」：
http://www.mhlw.go.jp/houdou/0112/h1228-3.html
労働省職業安定局「労働者派遣事業の平成11年度事業報告の集計結果」：
http://www2.mhlw.go.jp/kisya/syokuan/20001222_01_sy/20001222_01_sy.html
内閣府経済社会総合研究所「平成12年度企業行動に関するアンケート調査要旨」
http://www.esri.cao.go.jp/jp/stat/h12ank/main.html
経済企画庁「規制分野における雇用再配置の動向」（2000年）
http://www5.cao.go.jp/2000/f/0905f-seisakukoka3.pdf
厚生労働省職業安定局「労働者派遣事業の平成12年度事業報告の集計結果」：
http://www.mh1w.go.jp/houdou/0112/h1228-3.html

厚生労働省職業安定局「労働者派遣事業の平成12年度事業報告の集計結果」：
http://www.mh1w.go.jp/houdou/0112/h1228-3.html
日本労働研究機構「労働力の非正社員化，外部化と労務管理に関するアンケート
　調査結果」：
http://www.jil.go.jp/happyou/20000510_01_jil/20000510_01_jil.html
内閣府経済社会総合研究所「平成12年度企業行動に関するアンケート調査要旨」
http://www.esri.cao.go.jp/jp/stat/h12ank/main.html
経済企画庁「規制分野における雇用再配置の動向」(2000年)
http://www5.cao.go.jp/2000/f/0905f-seisakukoka3.pdf

第7章
財務戦略の高度化と教育問題

1 財務戦略の高度化

(1) 財務戦略高度化の背景

　企業の財務戦略が大きな変革を迫られている。市場環境が大きく変化し，従来の財務手法はリスクにさらされることとなった。そうしたなかで財務手法のひとつとして金融派生商品（デリバティブ）の活用は欠かせないものとなりつつある。こうして企業の財務戦略は高度化しつつあるが，ここではまずその背景となったわが国の金融の自由化，国際化から整理していくこととしよう。

　わが国の金融自由化は日米円・ドル委員会等，国際的圧力によりテンポを早められたこともあって，金融機関のみならず，企業や個人にも影響がおよぶほどの大きな流れとなった。1973年，わが国では石油ショックによる不況克服のため，国債が大量に発行され，これが公社債市場の発展を促し，金利の自由化を進めることとなった。金利自由化を進めることとなった新商品は，わが国より先行した米国においてはMMF（マネー・マーケット・ファンド）やスーパーNOWなどであったが，わが国の場合は中期国債ファンド，期日指定定期預金，MMC（市場連動型預金）等が主役となった。さらに，日米円・ドル委員会等を通した金融の国際化圧力は本邦の金利の自由化，業際規制撤廃の動きを促進させ，円の国際化や内外金利の裁定が進むことになった。[1]

　こうした動きをもう少し具体的にみてみよう。すなわち，1979年にCD（譲渡性定期預金）が導入されたことにより，わが国の短期金融市場は急拡大することとなった。さらに金融自由化の流れのなかでも，とくに1985年のMMCの導入，および大口定期預金の金利自由化は，それ以降のわが国の金利自由化を

急速に押し進めることとなった。1986年の短期国債の発行，1987年のCP(コマーシャル・ペーパー)の解禁等により，市場は一層の充実をみた。それに加え，1988年の日銀の新しい金融調節方式の導入により，無担保コール市場が拡大され，市場原理を反映した市場が形成されることとなった。

一方，1984年の為替取引における実需原則の撤廃，さらに円転換規制の撤廃により，為替・資金取引を通しての円貨と外貨の間の往き来の規制がなくなり，資金の内外移動が大幅に増加することとなった。また，1986年には東京オフショア市場が創設された。そのためにユーロ円を含む外貨の運用，調達の取引機会も大幅に拡大した。このようにして，東京市場とシンガポール，ロンドン，ニューヨーク等海外市場との間にも資金の金利裁定が働きやすくなり，この面からも東京市場の自由化は一層進むこととなった。

こうした自由化の流れを背景に，金融機関の資金調達に占める市場性資金の割合が急速に増加し，金融機関の資金調達コストは市場金利の変動に大きく影響されるようになった。銀行の調達資金が市場性資金の割合を大きくしていくのに対応して，1989年1月から新短期プライム・レートが採用された。これは従来，市場資金が変動しても公定歩合が動かなければ変動されなかったプライム・レートを，市場の金利変動を反映したものにしようとするものである。しかし，この新短期プライム・レートは取引先に浸透しつつあるとはいえ，市場の動きを調達面ほど機敏に反映させることも難しいのが現状である。このように，まだ調達と運用の間の金利リスクは大きいといえよう。

融資面での新短期プライム・レート導入，スプレッド融資の普及，さらに預金面での大口定期預金，MMCの小口化等により，企業も運用，調達両面で市場金利の影響を大きく受けることになったといえよう。すなわち，企業も金利商品や，金利動向に敏感に対応する必要に迫られるようになったわけである。また銀行にとっては，調達コストに利ザヤを上乗せするスプレッド融資やインパクト・ローン等は，銀行の利ザヤを確実に確保し，運用と調達のミス・マッチを避け，金利リスクを回避する重要な貸出商品であるといえよう。金利自由

化のなかで，安全かつ確実に収益が確保できる有力な武器のひとつであるともいえる商品である。

このようにして企業財務においては，従来からの為替変動リスクに対するヘッジ対策に加えて，金利リスクに対するヘッジ対策のニーズが高まりつつある。従来，企業への適用金利は預金も借入も基本的には公定歩合に連動されており，金利変動の方向や時期は比較的予測しやすかったともいえよう。しかし，預金も借入もともに市場金利に影響される度合いが高まった現在，企業の金利リスクも為替リスクと同程度に高まったといえよう。加えて，収益環境が厳しくなるなか，企業にも金融収益を追求したいというニーズも高まっている。安全確実な余資運用から，多少のリスクを取りながらも，高収益を狙いたいというケースも増えている。また，期間ごとの収益の変動が大き過ぎる場合の節税対策というニーズも重要性を増している。このように企業のニーズは，金融市場の変革のなかで多様化しつつあるのが実態である。従来の財務戦略は大きな変革を迫られることとなった。

(2) **財務リスクの高まりとその対応**

企業が財務戦略の変革を迫られることになった背景をみてきた。次にそうした背景を踏まえて企業の財務リスクの高まりについてもう少しくわしく整理することにしよう。さらにその対応において新財務手法であるデリバティブが普及しつつある現状についても触れることとする。

金融の自由化，国際化に加え，企業経営自体の国際化などにより，企業財務は大きな影響を受けつつある。こうしたなかで，まず企業財務において金利リスク，為替リスクなどがいかに高まりつつあるかについてもう少みていくこととしよう。企業の金利リスクの高まりは2つの側面からみることができよう。その第1がわが国における金融自由化，国際化，とくに金利の自由化による影響であることはすでに触れた。なかでも，預金金利の自由化が企業財務に大きな影響を与えていることは間違いないが，それ以上に意味のあるのが貸出金利

の自由化であろう。わが国の金融機関では預金金利の自由化と金融市場の自由化の影響で調達コストが頻繁かつ大幅に変動することとなった。このため短期プライム・レートが1989年1月から従来の公定歩合連動から金融機関の調達コストを反映する形に変更された。さらに1991年4月には中長期固定資金の調達手段をもたない普通銀行は長期プライム・レートも従来の固定金利から短期プライム・レートに連動する長期変動貸出基準金利を採用することとなった。

すなわち，企業の借入は金融市場の頻繁かつ大きな金利変動の影響を大きく受けやすくなり，とくに中長期借入においても短期金利の影響を受けるという形で金利リスクの可能性を高めることとなったといえよう。

もうひとつの側面は主要国の間の金利動向の跛行性である。すなわち，先進主要国が同時不況といわれながら，たとえば，ドイツがインフレ問題を抱えて高金利を維持している影響が欧州主要国に及ぶなど，先進主要国間で金利動向に大きな差が出ている。こうした状況のなかで，多種類の通貨の管理を必要とする国際企業においては，金利見通しの読み，さらには多通貨金利管理などの問題が難しさを増しているといえるわけである。

一方，企業における為替リスクの高まりの背景についても2つの側面からみることができよう。まず第1は企業の取扱通貨の多様化である。とくにEU（欧州連合）の経済統合へ対応してのユーロなど欧州通貨やアジア通貨の利用などが進みつつある。

こうした金融リスクの増大に対応して，企業においては新しい財務手法の利用が進んでいる。ここでは代表的なリスクである金利リスクと為替リスクに対応した金利スワップ，通貨オプションなどデリバティブ取引の普及についてみていきたい。企業の金利リスクへの対応の動きとして最近顕著となっているのが金利スワップを利用した商品の普及である。こうした動きの背景には，①都銀など普通銀行の長期プライム・レートが短期変動型プライム・レートに変わり，企業が金利変動リスクを受けやすい環境にあること，②中長期金利が低下し，歴史的にみても底値圏に近いこと，③景気に回復のめどが立てば，

反転の可能性があると思われることなどがあったと考えられる。

　金利は一般的には景気変動に連動して上昇，下降を繰り返すと考えられている。長期金利，短期金利とも景気が活況を呈するに従って資金需要が増し，上昇しやすいといえよう。とくに短期金利は景気が加熱ぎみとなったときなどには，長期金利を上回ることもあり，長期金利と短期金利の関係およびどちらを選択するかは財務戦略における重要な課題のひとつとなっている（図表7－1参照）。

図表7－1　景気と金利の関係（長短金利の典型的なパターン）

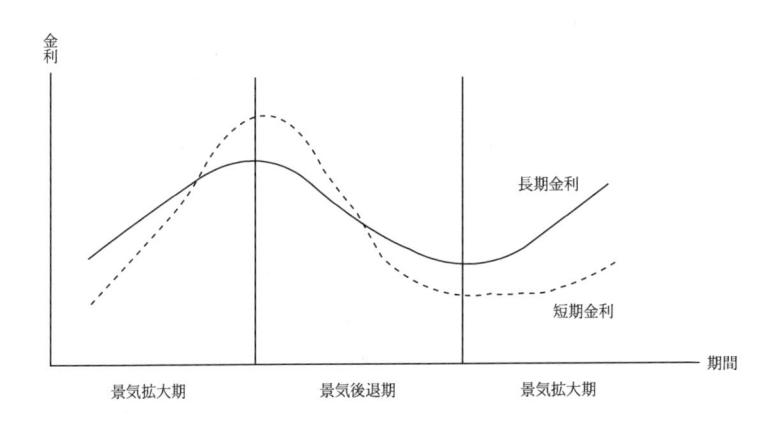

　すなわち，こうした背景のなかで企業がとった対応の第1は中長期借入資金の金利固定化である。これは，借入コストを低位にある中長期金利で固定し，将来金利が上昇しても上昇リスクを避けようとするものである。金利スワップの典型的な利用法を活用するもので，企業の変動金利受取り，固定金利支払いというスワップが取り組まれた。しかし，一時的に反騰の気配をみせた中長期金利がわが国経済のダブル・ディップの可能性により再び低下傾向を示したため，企業の対応にも工夫が加わることとなった。すなわち，金利スワップの取組みを1年後スタートする方式や，一定期間後に金利情勢をみてスワップの取組みの可否を決められるスワップションなどが取引されることとなった。さら

に金利リスクに加えて，収益の固定化など幅広い利用法も一部にみられるようになった。すなわち，中長期債券の含み益を確定するに際して，売却による利益の一時期の集中計上を避け，固定金利の支払い，変動金利の受取りのスワップを締結することにより，残存期間に平均的に金利収益を均等計上する方法が可能となるわけである。[2]

またこれらの取引を促進することとなったのは，金利スワップという複雑な部分を金融機関が対応し，企業には単純な中長期固定金利の形で融資するなどの形もとられたことである。すなわち，上記の第2の例でいえば，当初1年間を変動金利ローン，2年目以降が固定金利という単純な中長期ローンとなり，企業に取り組みやすさがあったことも利用促進につながったといえよう。

わが国においてスワップ取引が企業への浸透度を強めているのは，企業の財務リスクが高まっているほかに，わが国市場における新商品の開発も寄与しているといえよう。すなわち，欧米市場で発達したスワップ取引はわが国市場にも導入され，欧米型の取引形態で市場の拡大をみてきた。しかし，わが国の企業と金融機関の間には，わが国特有の金利形成が行われており，欧米型のスワップ取引とは条件を異にするものであった。すなわち，スワップ取引のベースは基本的にLIBOR（ロンドン銀行間金利）またはTIBOR（同東京市場）で，ユーロ円の預金金利が基準となっている。これに対して，わが国企業の借入コストは短期プライム・レート，長期プライム・レートさらに短期プライム・レートをベースとした新長期プライム・レートなどである。

わが国金融市場の自由化，国際化が進んでも，ユーロ円金利と長期のプライム・レートの間の金利変動に大きな違いのあるのは明らかである。企業がスワップを利用しやすくなった背景には，わが国金融機関による，これらわが国特有の金利体系をスワップ市場に導入したことがあげられよう。わが国企業はLIBORという不慣れな金利を介することなく，日常使い慣れた長短プライム・レートを利用したスワップを取り組むことが可能となり，金利リスク軽減というスワップ利用の効果を一層高めた市場の利用が可能になったといえよう。

次に為替リスクへの対応について見てみよう。企業の為替リスクが利用通貨の多様化と為替相場の変動幅拡大によって高まったのに対応してとられた対策は為替予約の積極化，とくに通貨オプション活用の予約利用である。通貨オプションには為替予約を締結してあっても市場相場の方が有利になれば，予約を放棄して市場相場が利用できる一方，市場相場がどんなに不利になっても予約相場は最低限確保されるという優位性がある。しかし，こうした利用をするためには，オプション購入のための費用であるプレミアムの支払いが必要である。しかし，わが国企業には，こうした手数料の支払いに抵抗を感じるところが少なくないのが実情である。そこで工夫されたのが，この手数料の不要なオプション予約，すなわちゼロコスト・オプションである。これはオプションの売りと買いを組み合わせることによりプレミアムの支払いと受取りを相殺し，プレミアムの支払いの発生を抑えたものである。当然のことながらオプションのメリットは一定限度に抑えられる一方，リスクも一定限度に抑えられたものとなっている。

 こうしたメリットとコストの折衷的商品は企業ニーズにマッチし，為替相場の先行き見通しが困難な時点や，相場の大幅変動時に取引量が大きく伸びる結果となった。さらに，企業ニーズに対応した取扱通貨の多様化も進み，ドイツ・マルクなどでは対ドルに加え，対円の取引も増加することとなった。企業ニーズに対応して新商品が開発され，その新商品が企業取引を増加させるという形で，わが国通貨オプション市場は底堅い取引量と取引内容の充実をみてきた。為替市場が大幅に縮小するなかで，通貨オプション市場が拡充を示した背景には，企業ニーズとそれにマッチした新商品開発との好循環が功を奏したといえよう。

2 新財務手法の利用と問題点

(1) デリバティブ取引の特徴

 財務リスクの高まりとともに財務の新手法であるデリバティブ取引の利用が

進みつつある。デリバティブ取引のメカニズムや利用法などをみる前に，まずデリバティブ取引の特徴を整理しておこう。デリバティブ取引は従来の金融取引とは異なる新しいアイデアの取引であり，従来では考えられなかったような取引も可能となった。そのため，これらの取引はその新しいアイデアから金融ハイテク商品と呼ばれたり，また貸借対照表にのらないことからオフバランス取引などとも呼ばれる。ここでは，これらの取引が旧来業務から派生した取引であるという意味で派生商品，デリバティブ取引として総括し，その特徴や利用法を整理することとしたい。それではデリバティブ取引とはどのようなもので，どんな特徴をもつのかを整理してみよう。

　まずデリバティブ商品は，預金，通貨，株式などから派生した取引で主としてスワップ，オプション，先物などの商品を指すとされている。デリバティブの"Derivative"はオリジナル(Original)に対する言葉で，主商品に対する副産物，原商品に対する派生商品などの意味である。一般的には「デリバティブ商品とは，その価値がより基本的な原資産に依存し，また関連して損益を生む取引」と定義されている。また，派生する元になる商品は，原資産(Underlying Assets)や原証券(Underlying Securities)などとよばれる。次にデリバティブ商品にはどんな種類があるかを整理してみよう。デリバティブ商品の代表はスワップ，オプション，先物であるが，これら商品の組み合わされた取引や，これらの変形取引なども含まれる。またデリバティブ商品には，預金，通貨などのように原資産が売買(取引)可能のものと，株価指数などのように原資産そのものでは売買不可能なものとがある。なおデリバティブ商品を取引する市場には金融先物市場のような取引所市場と，銀行と顧客などの間で行われる相対取引，すなわち店頭市場とがある。取引市場ではレディメード(Ready-made)商品が，また店頭市場ではそのほかにテイラーメード(Tailor-made)商品も取引される。[3)4)]

　続いてデリバティブ商品の特徴を金融取引における役割を中心にまとめると次のようになろう。

1）取引の多様化を進める

デリバティブ商品は金融市場に取引のツールを増加させ，従来不可能であった取引を可能にしたといえよう。冒頭の例のように，原取引の利益だけを取り，損失は取らないという従来考えられなかった契約をも可能にしたといえよう。

2）リスク・ヘッジ機能がある

資産，負債のリスクの形態を変えることにより，リスクを軽減したり，解消したりすることができる。とくに，デリバティブ商品によるリスク・ヘッジは旧来商品に比較してコストが低く，かつ利便性が高いことなどが特徴といえよう。

3）レバリッジ効果がある

原資産取引から生ずる利益（場合により損失となる）は，原資産の価格変動と1：1の関係である。これを増加させるためには，借り入れを行って原資産の保有額を増加させなければならない。そのためには借入コストや借入人の信用などが問題となってしまうといえよう。これに対してデリバティブ商品では原則として元本の支払いは不要で，元本に対応した金利，手数料，証拠金など小額の元手のみで大きな元本の取引をすることができる。これを「てこの原理」から「レバリッジ効果」とよんでいる。

4）市場の流動性を高める

現物取引にデリバティブ取引が加わることにより，相互の市場の間で裁定が働き，デリバティブ取引により現物取引と同じ経済効果を上げられるなど，市場全体の規模拡大，流動性の増加につながると考えられる。

5）リスク管理が複雑となる

デリバティブ取引にはリスク・ヘッジ機能が高いと述べたが，利用の仕方によっては逆に投機性の高い取引で両刃の剣ともなる。それは取引が複雑なことに加えてレバリッジ性の高いことなどが理由となっている。さらに，デリバティブ取引が元本の移動をともなわず，貸借対照表にのらないオフバランス取引であることもリスク管理の難しさを増す背景となっているといえよう。すなわち，

貸借対照表から取引残高が把握できないことから，別途管理資料の作成が必要となり，報告体制やチェック体制がより重要になるといえよう。

(2) 財務戦略に活用するオプション

それではデリバティブ取引のうちオプションについて，その考え方と財務戦略への活用などについてみていこう。

1994年についに100円を割り込んだドル相場は，1995年には一時的とはいえ80円を割れるまでに売られた。しかし，その後1998年には147円台まで戻る一方，2001年7月には123円台を示すなど為替相場の変動幅は大きく，また予測も難しい状況が続いている。そうしたなかで輸出入企業のように為替相場の変動により損益が大きく変動する企業の財務管理は難しい運営を迫られている。こうした予測の難しい相場に対処するときに効果の大きいのがオプションの機能である。

オプションの考え方はユニークであるので，比較的理解しやすい株取引の例から見てみよう。A社の株は現在1,000円であるが，近い将来値上りの可能性が高いと思われる。今，買っておけば値上りした時に値上り益が得られるが，もし予想に反して値下りした場合は損失をこうむることになってしまう。こうした場合にA社の株を1,000円で「買う権利」だけを確保しておくことはできないか。すなわち，1カ月後に予想通り値上りし，1,300円になった場合は，この「買う権利」を行使して，1,000円で買うと同時に，市場で1,300円で売れば，300円の益が得られるわけである。反対に予想に反して800円に値下りした場合は，1,000円で「買う権利」を行使して市場で800円で売ったのでは200円の損失となるので，この「権利」は放棄して行使しない方がよいわけである。

このように「買う権利を確保」できれば大変便利で，「そんなにうまい話なら誰でもやりたい」ということになってしまうであろう。そこでこの「権利を確保」するためにはそれ相応の手数料を支払わなければ，そんな取引に応じてくれる相手は出てこないわけである。

この場合，たとえば100円の手数料で上記の取引に応じてもらえたとすれば，値上り益300円から手数料100円を差し引いて200円が純利益となる。手数料(100円)以上値上りすればする程，利益は増加する。逆に値下りした場合は権利は放棄し，手数料は払い放しとなるので，100円の損失となるが，損失がこれ以上増える心配はない。

このように「買う権利」または「売る権利」を売買する取引をオプション取引とよんでいる。そして権利を行使するときの価格を「行使価格」，オプションを購入する際に支払う手数料を「オプション料」または「プレミアム」という。なお，市場用語では買う権利を「コール・オプション」，売る権利を「プット・オプション」とよんでいる。

このようにオプションは簡単にいえば，「将来のチャンスを期待しつつ，かつリスクを和らげる」ための一種の保険であるともいえよう。

次に企業が財務戦略としてオプションを利用する典型的なケースをみてみよう。すなわち，為替予約にオプションを付与した取引を取り上げよう。オプション取引を外国通貨の売買に適用するのが通貨オプション取引である。そのなかでももっとも普及しているのが輸出や輸入の為替予約への活用である。オプション付きの輸出予約を勧められるのは，「円高が進む可能性は高いが，円安に振れる可能性もかなり残されている」という局面であろう。すなわち，円高にかなりの自信があればオプション料を払うよりも通常の輸出予約を締結する方が有利である。したがって，顧客が

① 円高リスクは回避したい
② もし円安になった場合は，ある程度，円安メリットも取りたい
③ 相応のオプション料支払の用意はある

という場合である。

それでは，具体的な取引例でみていこう。

取引条件として，

① 行使価格を100円とし，1カ月先を期日としたドル売(ドル・プット)オプ

ションを購入する。
② オプション料は2円としよう。こうした条件でドル売のオプションを購入しておけば，輸出企業の適用相場は，
① 期日の実勢相場が100円より円高になれば，オプションを行使して，100円の輸出予約が保証される。
② 100円より円安になれば，オプションは放棄して，実勢相場でドルを売り，円安のメリットを取った輸出カバーを行うことができる(図表7-2参照)。

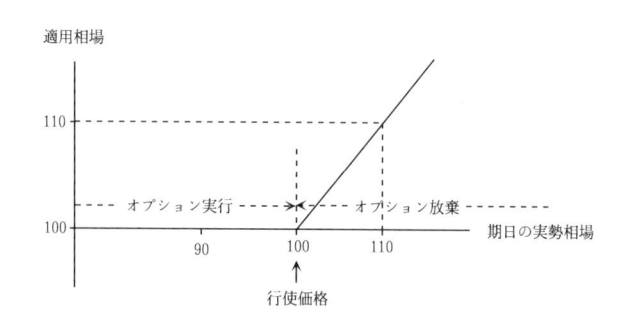

図表7-2　輸出企業用の適用相場

　このように輸出企業は円高リスクを回避する保険をかけながら，もし円安になった場合には円安メリットは確保することができる。このようなオプション機能により予測の難しい為替相場に対処する財務戦略は大きく改善されるといえよう。オプションがわが国に広く普及をみたのは1985年のプラザ合意による円高進行以降である。とくに，一本調子の円高局面が終了し，ドルの戻りがみられるようになった88年以降は相場見通しが難しくなり，オプションの利用価値が高まり，財務手法としての地位が確立することとなった。
　しかし，保険ともいえるオプションの機能も保険料に相当するプレミアム(オプション料)が必要となることが難点である。そこで開発されたのがプレミアムの不要なオプション，すなわちゼロコスト・オプションである。これはオ

プションの売りと買いを組み合わせることにより，オプションを買うときに必要なプレミアムとオプションを売ることにより得られるプレミアムとを相殺することにより実質的にプレミアムがゼロで済むように組み立てたオプションである。ゼロコスト・オプションはオプションを売ることによりオプションの権利が一部制限されるという欠点はあるが，オプションの機能そのものは生かされており，デリバティブの技術が一層高まったものといえよう。企業の財務手法の重要なひとつとしての地位を確立しているのはその証拠といえよう。

(3) 財務戦略に活用するスワップ

　企業の財務手法のなかでももっとも広く利用が進んでいる新手法がスワップである。スワップの代表的な利用法は金利変動に対処する方法である。すなわち，金利の上昇が予想されるときに企業がもっとも心配するのが，現在借りているローンの金利が上昇することであろう。いつ頃，どのくらい上昇するかという判断にもよるが，早めに長期の固定金利ローンに切り替えたいと希望する企業が出てくるのは当然である。こうした金利上昇に対処するケースとして企業がCPを発行しているケースで考えてみよう。

　CP(コマーシャル・ペーパー，Commercial Paper)は，企業が短期の約束手形を発行して金融市場から資金を直接調達する方法である。CP発行による資金調達は市場環境にもよるが，同一企業が集中して発行しない限り，有利な条件で資金を調達できるチャンスも大きい。ただ，期間が3カ月などの短期のために，発行を繰り返す間に金利上昇リスクを被る可能性があることが問題である。この場合の金利上昇リスクの回避に金利スワップが有効な手段となる。

　この場合は，CPによる資金調達は今後継続して行っていくものの，同時に金利スワップにより短期の変動金利を長期の固定金利に変えておくことができる。図表7-3のように，①で発行したCPの支払金利は短期の変動金利であるから，②のように変動金利受取，固定金利支払の金利の交換を行うことにより，この企業の支払金利は長期固定金利(この場合4.5％)で確定する。このケー

スは，CPという自社が得意とする調達手段をスワップにより金利リスクを避けながら，活用するという取引である。この形の取引は商社など大手企業を中心にかなり広く普及をみている。

図表7－3　ＣＰ発行とスワップ利用の例

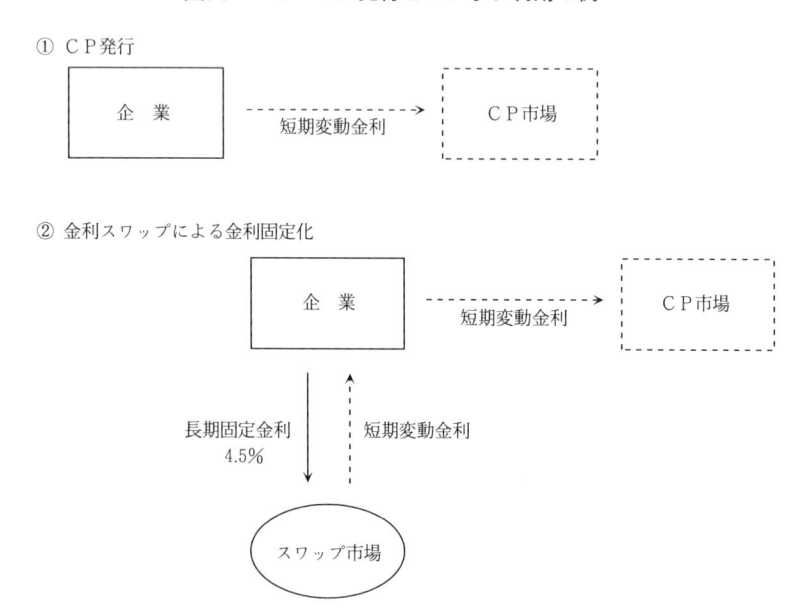

① ＣＰ発行

企　業　──短期変動金利──▶　ＣＰ市場

② 金利スワップによる金利固定化

企　業　──短期変動金利──▶　ＣＰ市場

長期固定金利 4.5％ ↓　　↑ 短期変動金利

スワップ市場

　このほかにもスワップはさまざまな形で利用されている。たとえば，わが国企業がユーロ市場などを利用して低利の債券をドル建てなどで発行できるケースは多い。しかし，わが国企業の場合，調達した資金は日本国内に持ち込み，円に替えて使用するのがほとんどといえよう。すなわち，利息や期日の元本返済の外貨は円貨で支払うことによる為替相場変動のリスクにさらされているわけである。そこで銀行などが，この企業の外貨建ての元本や利息の支払い債務を引き受ける代わりに，企業に円資金を提供して，企業の実質的な債務を円の元利金の債務に変えてしまうという取引が行われる。

これら代表的なケースでみられるように、スワップ取引は元利金の受払など将来のキャッシュ・フローを交換する取引である。このうち CP 発行のケースにみられるように、円など同じ通貨で長短金利など異なる金利の交換を行う取引を金利スワップとよんでいる。一方、外債発行のケースのようにドルと円など異なる通貨の元利金を交換する取引が通貨スワップである。なお、金利スワップの場合は、同一通貨の交換であるので元本の交換を省略するのが一般的である。

(4) 財務戦略に活用する金融先物

オプション、スワップと並ぶ、デリバティブの重要な取引が金融先物取引である。とくにわが国の金利自由化が進展し、企業の金利リスクが高まるにつれ、金融先物取引の利用価値も高まりつつある。たとえば、1カ月とか3カ月先に資金ニーズがある場合、その金利を今から確定しておくためにはどうしたらよいか。今、資金の調達を行えば、実際に資金が必要となる時まで、調達した資金の運用を別途考えなければならなくなる。すなわち、1カ月や3カ月先の調達資金の「金利だけを今から確定」しておきたいというニーズは高いわけである。こうしたニーズに応えられるのが金融先物取引である。このように将来の取引条件だけを現時点で確定しておく取引は「先物取引」と呼ばれ、現時点で受渡決済を行う「現物取引」と区別される。

上の例のように、将来の金利を確定するために利用されるのが「金利先物」で、金融先物取引のなかでも代表的な取引である。将来の取引を確定させようというニーズは「金利」ばかりでなく、通貨や債券取引においても高いニーズがある。すなわち、円通貨(対ドル)などの将来の売買相場を約定する「通貨先物」や債券の将来の売買価格を約定する「債券先物」なども金融先物取引所の取引対象として取り扱われている。

このように、預金や借入、または通貨取引など自己の金融取引が将来の相場変動により、リスクを被るのを避けるためには、先物取引の利用が必要欠くべ

からざる手段であるといえよう。「金融先物取引」には、いろいろな使い方があるが、金融取引における「リスク・ヘッジ」の有力な手段としての意味はきわめて大きいといえよう。

金融先物取引は、金融商品を「決められた将来の一時点」に、「約定された価格」で、「売買を約束する」取引である。ただし、実際には、決済の期日までに売買の反対取引を行い、売買価格の差額のみの決済を行うのが一般的である。したがって、金融先物取引では、現物取引と異なり、通常、現物の受渡しは行われない。こうした取引は「清算取引」とよばれ、金融先物取引の特徴のひとつである。金融先物取引の対象となる金融商品の種類は多岐にわたるが、大きく分けると次のようになる。

1）金利先物

まず、金利商品を対象とする先物取引については、対象となる現物取引がユーロ・ダラー預金、ユーロ円預金、ポンド預金、ドルCDなど金利そのものである「金利先物」がある。

2）債券先物

さらに、米国の長期国債(T-BOND)、中期国債(T-NOTE)、短期国債(T-BILL)、英国国債(GILT)、さらに日本国債を含め、実質的には金利取引といえる債券取引を対象とする「債券先物」があり、広い意味で金利先物の一種として扱われている。

3）通貨先物

次に日本円などを対象とした「通貨先物」がある。通貨先物の対象通貨は、円以外にユーロ、スイス・フラン、英ポンド、オーストラリア・ドルの他カナダ・ドルなどが取引可能である。

4）株価指数先物

その他に、日経平均やTOPIX、米国S&P500などを対象とした「株価指数先物」がある。また、こうした商品を対象とした先物オプションも取引が可能である。

金融先物取引のなかでも，とくに利用価値が高く，利用も普及をみている金利先物取引について，もう少しくわしくみることにしよう。金利先物取引の代表的商品は「ドル預金」と「円預金」である。ドルや円の金利は，将来の金利を確定する手段が少なく，金利リスクが高まるなかで，ヘッジ手段が求められていた。とくに，円金利については，金利の自由化にともなって，預金，借入金利の「公定歩合離れ」が進み，市場金利連動化へと進むなか，企業の金利リスクは高まりつつある。こうした金利リスクをヘッジする有力な手段が金利先物取引である。

金利先物の価格は「100.00 − 金利(%)」で表示する取決めとなっている。たとえば，先物価格96.50の場合は「100.00 − 3.50」であり，金利でいえば，3.50%に相当するという意味である。したがって，金利が3.75%に上昇すれば，先物価格は96.25に下落するわけである。このように，先物価格の上下は金利の上下とは逆方向であるが，金利市場の動きと密接につながっているといえよう。

金利の上昇が見込まれるときに，上昇リスクを避けるためには，金利が上昇(先物価格が下落)したときに利益が得られるような先物取引を行うことによりリスクをヘッジすることができる。すなわち，金利先物商品を売っておくのがひとつの方法である。反対に，金利の下落が見込まれるときには，下落リスクを避けるためには，金利が下落(先物価格が上昇)したときに利益が得られるような先物取引を行えばよいわけである。すなわち，この場合は金利先物商品を買っておくことになる。

3 財務教育の課題と展望

(1) 財務入門者レベルの課題と展望

以上みてきたように，企業の財務活動においてデリバティブの利用は欠かすことができなくなりつつある。しかもデリバティブ取引のメカニズムは複雑で一朝一夕にその全体像を理解することは難しい。またデリバティブ特有の考え方や数値の利用などのために，35歳を越えると理解することが無理という「35

歳ルール」などという言葉がもっともらしく伝えられている。年齢的な壁などは誤解に過ぎないとしても，企業の財務担当者に体系的な専門教育の必要性が高まりつつあることは間違いなかろう。

　こうした問題をデリバティブ取引を中心に整理してみよう。まず企業で財務を担当することとなる入門者のレベルでどのようなことがポイントとなるであろうか。ここではデリバティブの基本的な考え方，すなわち，従来の取引では考えられなかった点を理解することが第一歩といえよう。たとえば，「相場変動の有利な方のみを取って，不利な方は取る必要がない」というオプションの考え方，元本相当の現金が移動しないため貸借対照表にのらないオフバランスの考え方，さらには少額の手付金のような資金で多額の取引が可能となるレバリッジ効果の考え方などである。

　このような取引を理解するためには，従来の財務では発想の転換を必要とするもので，できれば大学においても取り入れる価値のある教育であるといえよう。現状ではごく一部の大学でこうしたテーマの講座が設けられているが，一層の普及をみるには相当の時間を要しよう。

(2) 経営者，管理者レベルの課題と展望

　次のレベルは企業の経営者，管理者である。経営者や管理者は実際に実務を担当するわけではないので，細かな取引にまで精通する必要はない。しかし，デリバティブ取引の責任を負う立場であるからには取引から生ずる損失，すなわち財務リスクについては十分な理解をもっている必要があろう。すなわち，経営者や管理者にはデリバティブの基本的な考え方に加えてリスク管理の理解が求められているといえよう。デリバティブ取引にともなって発生するリスクには価格変動による市場リスク，取引相手の不履行などによる信用リスク，市場において十分な取引相手が不足する流動性リスク，決済にともなう決済リスク，事務処理にともなう事務リスクのほか法律上，または契約上発生するリーガル・リスクなどがある。

これらは従来の財務取引でも発生するリスクであるが，デリバティブ取引においてはそのリスクの予測が難しく，十分な理解と判断が必要となるデリバティブのリスクを的確に判断，予測する手法はまだ完成されていないといえよう。さまざまな試みがなされ，一部で優れた手法が開発されつつある。しかし，ここで問題となるのは手法の問題だけではない。むしろ経営者や管理者がいかに必要性を感じて，そうした理解に努めるかである。とくに経営者は上位職によって強制される立場にないため，自らその重要性を認識して，積極的に臨む努力が必要であるところに問題があるといえよう。

(3) **財務実務者レベルの課題と展望**

3番目が実務家レベルの問題である。このケースでは水準の違いはあっても，専門家として取引の特徴的なポイントを含めて実践的な知識を取得しておく必要がある。こうしたレベルの教育は体系的でかつ時間をかけたものが必要である。そのために社内のOJT(オン・ザ・ジョブ・トレーニング)のほかに，継続的な講義，通信教育，専門書の読解など，さまざまな方法が必要となってくる。こうした教育の機会は現在ではかなり広く普及しているため，それぞれのケースでそのニーズに合ったものを選ぶことはそれほど難しくはないといえよう。

ここで重要なことは，単なる利用者の水準ではなく，プロとしての専門知識の修得を目指す必要があることであろう。たとえば，オプションを利用する場合，原則としてオプションの買手は売手に対してその対価であるプレミアムを支払わなければならない。このプレミアムがいくらになるかは，取引する際，取引銀行などが提示してくるが，専門家として取引をするからには，その水準が適正か否かの判断ができなくてはならないであろう。そのためにはプレミアムがどのようなメカニズムで発生し，算出されるかの理解ができていなければならない。

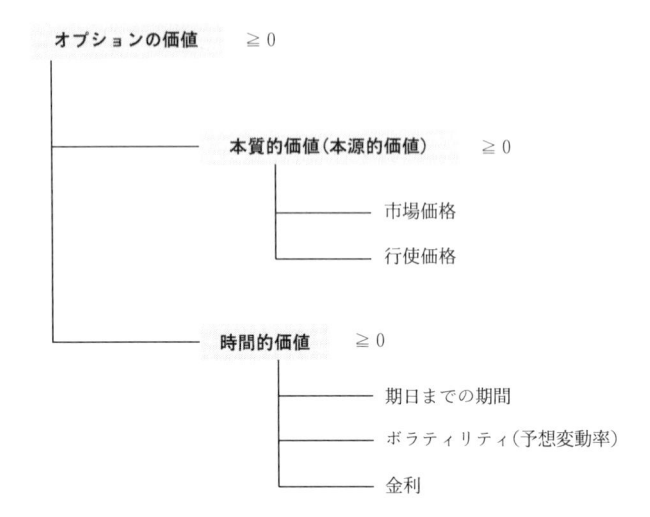

図表7－4　オプションの価値の構成

```
オプションの価値　　　　≧0
├── 本質的価値(本源的価値)　　≧0
│       ├── 市場価格
│       └── 行使価格
└── 時間的価値　　≧0
        ├── 期日までの期間
        ├── ボラティリティ(予想変動率)
        └── 金利
```

　プレミアム，すなわちオプションの価値は大別すると，図表7－4のように，本質的価値と時間的価値とに分けられるが，両価値の関係およびその合計値は図表7－5のような形となる。そして具体的なプレミアムの算出はブラック・アンド・ショールズ理論を基本とした市場共通の計算式が用いられている[5]。

　またスワップ取引でのケースで考えれば現在価値の考え方などが重要なものといえよう。スワップ取引は元利金など将来のキャッシュ・フローを交換する取引である。交換する2つのキャッシュ・フローが交換に値する取引であるかどうか，すなわち，価値が等しいかどうかは将来のキャッシュ・フローを現在価値に引き直してみなければわからない。たとえば，図表7－6の投資ⅠとⅡのキャッシュ・フローを比較してみよう。そのためには，まず現在価値と将来価値の関係を理解しておく必要があろう。

　たとえば，100円を年率5％で運用した場合の1年後の価値は，
　　　　$100 \times (1+0.05) = 105$
と計算できる。すなわち，

図表 7 － 5　本質的価値と時間的価値の関係

① コール・オプションのケース

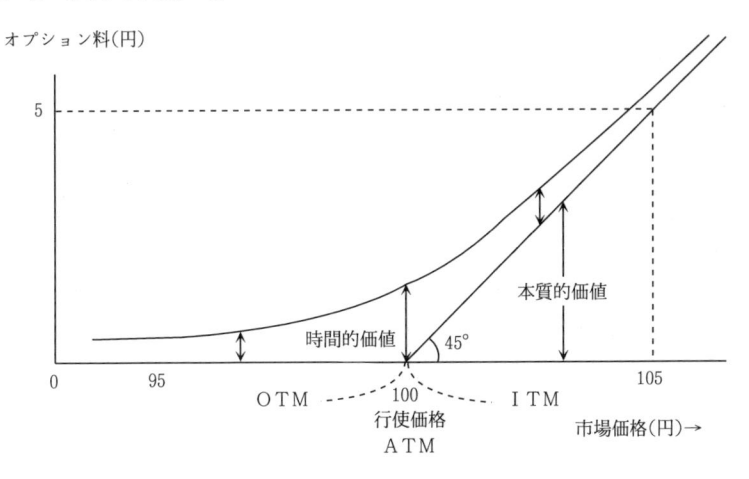

オプション料(円)

OTM　100　ITM
行使価格
ATM

本質的価値
時間的価値
45°
市場価格(円)→

② プット・オプションのケース

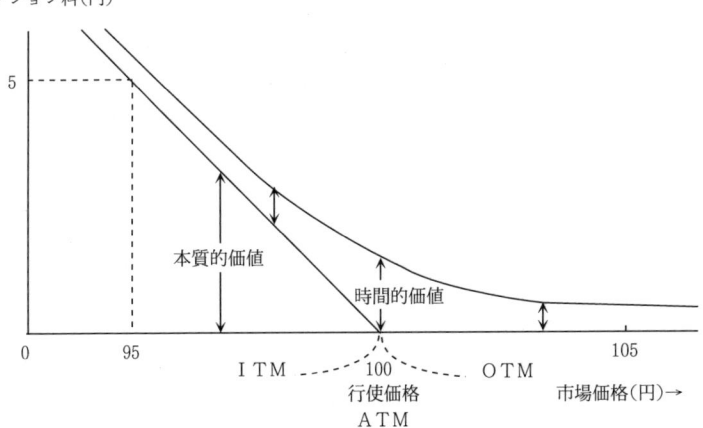

オプション料(円)

ITM　100　OTM
行使価格
ATM

本質的価値
時間的価値
市場価格(円)→

注) 1　コール・オプションとは，対象商品を買うオプション
　　2　プット・オプションとは，対象商品を売るオプション
出所)　拙著『外国為替と国際金融』経済法令研究会，1995年，p.167

現在価値×(1+金利) ＝ 将来価値

であり，現在価値は

$$現在価値 = \frac{将来価値}{1+金利}$$

となろう。これをもっと長期で考えれば，2年後の価値は

$$100\times(1+0.05)\times(1+0.05)$$

3年後の価値は

$$100\times(1+0.05)\times(1+0.05)\times(1+0.05)$$

同様にn年後の価値は

$$100\times(1+0.05)^n$$

となる。すなわち金利r，n年後の場合，

現在価値×$(1+r)^n$ ＝ 将来価値

$$現在価値 = \frac{将来価値}{(1+r)^n}$$

となる。

図表7－6　投資と利息のキャッシュ・フロー例

	投資 I	投資 II
当初投資額	△ 1,000,000,000	△ 1,000,000,000
1年目利息	＋ 30,000,000	0
2年目利息	＋ 30,000,000	0
3年目利息	＋ 30,000,000	0
4年目利息	＋ 30,000,000	0
5年目利息	＋ 30,000,000	0
元本回収	＋ 1,000,000,000	＋ 1,159,274,074
IRR	r_1	r_2

さて，図表7－6の2つのキャッシュ・フローの現在価値を計算することと

しよう。この場合5年間にわたる金利はどのように考えたらよいのであろうか。そこで投資の途中で受け取った利息を，元本回収の時まで，その利息と同じ利回りで運用できたとする仮定の利回りを考えてみよう。すなわち，投資期間中の平均利回りといえるもので，将来のキャッシュ・フローの現在価値の合計が当初の投資額に等しくなるような金利で，内部収益率(IRR，Internal Rate of Return)と呼ばれている。

投資ⅠのIRRをr_1，投資ⅡのIRRをr_2とすると，投資Ⅰでは

$$1,000,000,000 = \frac{30,000,000}{1+r_1} + \frac{30,000,000}{(1+r_1)^2} + \frac{30,000,000}{(1+r_1)^3}$$
$$+ \frac{30,000,000}{(1+r_1)^4} + \frac{30,000,000}{(1+r_1)^5} + \frac{1,000,000,000}{(1+r_1)^5}$$

という関係が成り立ち，投資Ⅱでは

$$1,000,000,000 = \frac{0}{1+r_2} + \frac{0}{(1+r_2)^2} + \frac{0}{(1+r_2)^3}$$
$$+ \frac{0}{(1+r_2)^4} + \frac{0}{(1+r_2)^5} + \frac{1,159,274,074}{(1+r_2)^5}$$

という関係が成り立つ。ここでr_1とr_2を求めると，ともに3％となる。すなわち一見では価値の比較が難しい投資ⅠとⅡは，ともにIRRが等しく，双方のキャッシュ・フローの現在価値も等しくなるため，両キャッシュ・フローは交換が可能といえるわけである。

以上はデリバティブを本格的に担当する財務担当者が理解しておかなければならない基礎知識の一例である。デリバティブを含めて財務手法は日進月歩の発展を遂げつつある。財務担当者にはそうした財務取引を追い続け，常にアップ・デイトのレベルをキープすることが期待されるだけに，財務教育問題は常に課題を抱えているといえよう。[6]

(4) 問題点と今後の展望

こうした新財務手法の導入は企業の財務リスクのヘッジの精度を高める一方，企業の財務管理を複雑化するという新たな問題を提起することともなっている。企業のリスク対策の問題点を列記しておこう。

1）ALM手法の充実

企業の資金の運用と調達の金利が市場金利を反映して頻繁かつ大幅に変動するようになった現在，企業においてもALM手法の導入が重要性を増しているといえよう。とくに，金利スワップ利用によるポジションの複雑化にはALM管理が不可欠となってこよう。導入の遅れている企業のALM体制構築が課題となろう。

2）為替ポジションの管理

為替ポジションについても取引通貨の多様化，通貨オプションの利用により管理は複雑化しつつある。総合管理手法の充実と体制の構築が今後の課題といえよう。

3）金利・相場見通しの的確性

こうした体制面の整備に加えて必要となるのが金利・相場の予測体制である。ポジションから発生するリスクを最小限に抑えるためには，金利・相場見通しが的確でなければならない。情報の収集，分析体制が確立されなければならない。

4）権限体系・牽制体制

リスク管理体制の基本は取引にたずさわるスタッフの権限体系の整備とその運用を適正に行うための牽制体制の確立である。企業における為替損の多発や金融収支の悪化の現状から，こうした面での体制確立も急務といえよう。

なお企業の多様な財務ニーズに対しては，金融機関から多種多様な商品が提供されている。これらはオプション，スワップ，先物を単純に使用するものではなく，企業が使いやすいように企業ニーズに合わせて加工されたものが多い。一見利用しやすいものとなっているが，逆に企業の側からみればメカニズムが

必ずしも明確でないものも多い。利用に際しては，利用者の目的に合ったものであるかの確認と，できればメカニズムの解明も望まれるところである。

　今後ともデリバティブの基本メカニズムを加工しながら，さまざまな複合商品が販売されることが予想される。企業にはその中身を判定する力が望まれ，また利用に際しては十分な理解と納得が求められるとともに，利用責任は原則として利用者にあることを十分に認識しておく必要があろう。

注）
1) 岡正生『金利・為替相場の読み方』近代セールス社，1993年，pp.48-49
2) 拙稿「企業経営の国際化と金融リスクへの対応」『金融ジャーナル』金融ジャーナル社，1993年12月，pp.66-67
3) JuLian Walmsley, *Foreign Exchange and Money Markets Guide*, John Wiley & Sons, Inc., p.257
4) 拙稿「デリバティブの特徴と性格」『New Finance』地域金融研究所，1994年12月，p.26
5) 有馬秀次『実戦オプション取引入門』日本経済新聞社，1990年，pp.49-53
6) 小峰みどり『アナリストのための数学入門』ビジネス教育出版社，1993年，pp.85-88

参考文献
　高倉信昭『国際財務戦略』財経詳報社，1989年
　小林靖弘・清水正俊『スワップ取引』有斐閣，1990年
　竹中正治・久保田真『通貨オプション戦略』日本経済新聞社，1990年
　欧州東海銀行・東海キャピタルマーケットリミテッド編『デリバティブ・リスク・コントロール』近代セールス社，1994年
　福島良治『スワップ取引の法務とリスク管理』金融財政事情研究会，1994年
　重宗宏彦『金利リスクマネジメント』地域金融研究所，1995年
　三宅輝幸『デリバティブ［金融派生商品］入門』日本実業出版社，1995年
　三宅輝幸『四訂デリバティブ取引の基礎』経済法令研究会，2001年

第8章
ヘルスケア経営・会計教育と人材育成
―― ビジネスプランニングを検討して ――

1 ヘルスケアをめぐる論点整理

 ヘルスケア――医療・福祉・介護――分野の施設・機関の経営者あるいは運営者は，誰が適任か…意見はさまざまであり議論は尽きないところである。医療施設においては，これまで医師にしかその権限が与えられてこなかった状況から，5年間健全な経営をしていると認められる場合，経営者は医師でなくてもよいと緩和されてきている。ただし，その適用はこれまで数えるほどのものであり，医療経営に大きな風穴をあけるような抜本的な変革にはつながっていないのが実態である。

 企業は，所与のこととして経営戦略を策定しゴーイングコンサーン（組織の永続性・継続性）を保つ努力をしている。そうした状況はヘルスケア分野でも例外ではない。とりわけ，医療・福祉・介護活動そのものに主体を置く医療機関・福祉施設・介護施設においても組織体の存続なくして，活動が実りあるものとはなり得ない。デミング（Deming, W. Edwards）は，組織・人材管理について図表8－1にある14のポイントを上げている。

 ヘルスケア分野は，高度に専門化された技術集団という印象が色濃い。すなわち，ある活動（行為）において資格を有する者が集まっているのである。こうしたなかにあって，その経営にたずさわるものの資質や資格はどのようなものであるべきかは大きな課題となる。経営は，人事（労務），財務（会計），マーケティング（モノ・サービス提供），情報，時間などを資源とする。それぞれをいかに有機的かつ効率よくむすびつけていくかが，経営者の課題である。本

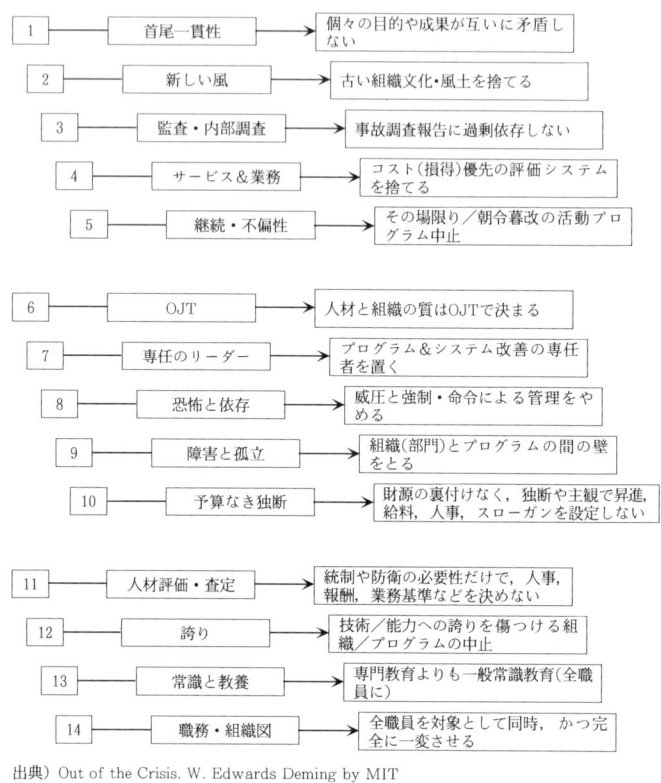

図表8-1　デミング(DEMING)の14項目

#	項目	内容
1	首尾一貫性	個々の目的や成果が互いに矛盾しない
2	新しい風	古い組織文化・風土を捨てる
3	監査・内部調査	事故調査報告に過剰依存しない
4	サービス＆業務	コスト(損得)優先の評価システムを捨てる
5	継続・不偏性	その場限り／朝令暮改の活動プログラム中止
6	OJT	人材と組織の質はOJTで決まる
7	専任のリーダー	プログラム＆システム改善の専任者を置く
8	恐怖と依存	威圧と強制・命令による管理をやめる
9	障害と孤立	組織(部門)とプログラムの間の壁をとる
10	予算なき独断	財源の裏付けなく、独断や主観で昇進、給料、人事、スローガンを設定しない
11	人材評価・査定	統制や防衛の必要性だけで、人事、報酬、業務基準などを決めない
12	誇り	技術／能力への誇りを傷つける組織／プログラムの中止
13	常識と教養	専門教育よりも一般常識教育(全職員に)
14	職務・組織図	全職員を対象として同時、かつ完全に一変させる

出典) Out of the Crisis. W. Edwards Deming by MIT
作図) Med-Ark Manegement Institute
出所) 西村周三編『医療経営白書』2001年版　日本医療企画　2000年, p.142

章では，ヘルスケア経営・会計に従事し，管理していく者はどのような教育あるいは資質をもちうるべきなのかについてにふれる。ヘルスケア分野においても採算確保がひとつの命題となることから，ビジネスプランニングとして利益計画や資金計画を考察していくことをつうじて，ヘルスケア経営・会計教育について検討してみたい。

2 ヘルスケア分野のビジネスプランニング

(1) 利益計画の検討

　ヘルスケア施設は，その経営および運営においてまず基本目的を示す経営方針を表明する。これを基礎として目的達成の方法を意思決定するのである。このファーストステップが戦略計画の設定であり，これをもとに施設運営者は一定期間に利用可能な資源を前提として，戦略を実施する最善の方法を決定する。これが期間計画である。基本的には1年以内の短期を短期利益計画として予算に具体化される。通常1年を超え10年程度までの長期を対象とするものが長期経営計画である。一般に，利益計画という場合には短期の利益計画をあらわすことが多い。

　ただし，毎年決定する利益計画は，1年ごとの事象に基づいてのみ設定されるわけではない。むしろ，そうした見方は視野の狭いものとなってしまう。利益計画は，将来との見通しいわゆる長期経営計画とリンクして考えることが必要となる。長期経営計画を達成するプロセスの一環として，利益計画は設定され実行されていく必要がある。すなわち，利益計画と長期経営計画とは，バランスをとっていくことが重要となる。たとえば，利益計画に先立つ長期経営計画は図表8－2のようなパターンを作成してみると有効である。

　また，ヘルスケア施設の大きな障壁として，設備投資の良否の問題あるいは研究開発に関する問題がある。これらは，期間における問題（計画）というよりはプロジェクト計画に関するものである。一見すると，プロジェクト計画は期間計画とは別個のものと理解されやすい。ただし，予算というフェイズからはその計画にともなう支出額と計画完了（達成）による資金面に大きく影響することは当然のことである。すなわち，運営者は利益計画のなかにおいてもプロジェクト計画を考慮していかねばならないであろう。

図表 8 − 2　長期経営計画例

平成　　年　　月　　日立案

項　　目	テーマ	問題解決年度					備考
		年	年	年	年	年	
ヘルスケア経営方針							
ヘルスケア収入							
保　険　収　入							
自　由　診　療							
保　険　外　収　入							
医薬品管理							
医　薬　分　業							
在　庫　調　整							
仕　　入　　先							
ヘルスケア経費							
借入状況の改善							
人　件　費　政　策							
病・医　院　施　設							
医　業　経　営　情　報							
医　療　行　政							
院　内　教　育							
顧客関係改善							
診　療　圏　調　査							
Ｐ　Ｒ　戦　略							
院　内　Ｐ　Ｒ							
患　者　誘　院							
セールスプロモーション							
患者（顧客）管理							
資金調達							
外注戦略							
協業化							

出所）長谷川武『医・病院経営実践マニュアル』金原出版，1995年，p.152

(2) ＣＶＰ分析（損益分岐点）による目標利益の設定

　利益計画の設定は，目標の達成とそのための調整，そして実績と比較することによる基軸の設定という重要な役割を有している。利益計画における利益とは単に収益マイナス費用の損益計算書におけるものではない。あくまでも採算の確保できる利益，すなわち目標利益である。したがって，治療・介護による収益マイナス利益による許容費用として考察することを前提とはするものの，単にコントロールの問題としてとらえることは得策ではない。治療・介護による収益，費用をトータルに評価して目標利益を設定していくことが肝心である。

　さて，目標利益を達成するための治療・介護による収益と費用を算定するツールとして，費用Ｃ（cost），患者・介護者数Ｖ（volume　通常は売上高），利益Ｐ（profit）との関係を総合して把握するＣＶＰ分析がある。ＣＶＰ分析では，費用を，患者・介護者数の変化に応じて変動する変動費と，患者・介護者数が変

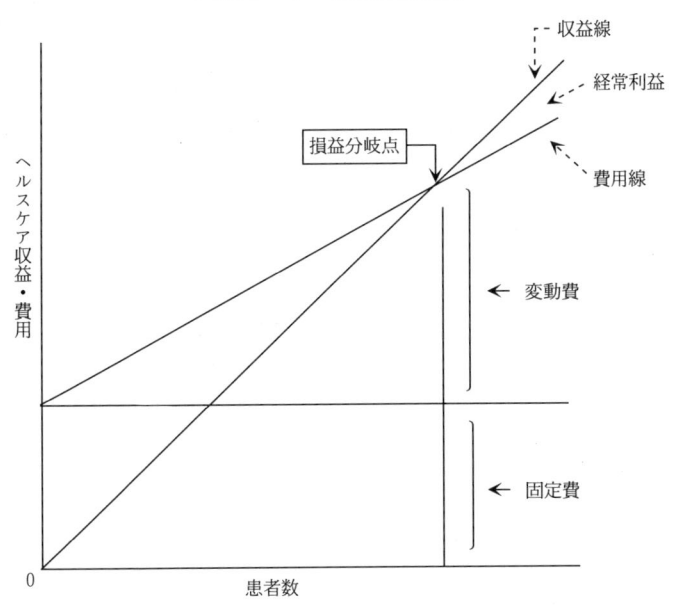

図表8－3　損益分岐図表

化しても一定である固定費とに分解している点に大きな特徴がある。それをもとに，損益分岐点をもとめていくツールである。参考までに医療機関においては，変動費の例として，薬品費，診療材料費，医療消耗器具備品費などがあり，固定費の例としては減価償却費，給与費，賃借料などがある。

上記の損益分岐点について，図表としてプロットしてみると図表8-3のようになる。

さて，この損益分岐点をどのように活用していくか。そこで以下のケースのもとでのビジネスプランについて考察する。

(3) ビジネスプランニングの一事例
1）損益分岐点の引き下げ

図表8-4にみられるA医療機関の財務資料に基づいて，損益分岐点を利用

図表8-4　A病院の損益計算書推移（概要）

（単位：千円）

	平成11年12月31日	平成12年12月31日	平成13年12月31日 (平成13年9月30日) 現在の見込
医　業　収　益	9,500,000	9,414,000	9,862,000
医　業　費　用 （内　給　与　費）	9,290,000 (2,268,000)	9,266,000 (2,342,000)	9,846,000 (2,506,000)
医　業　利　益	210,000	148,000	16,000
医　業　外　損　益 （内支払利息・割引料）	△164,000 (320,000)	△116,000 (322,000)	△148,000 (340,000)
経　常　利　益 （同上償却前）	46,000 (156,000)	32,000 (120,000)	△132,000 (△48,000)
特別損益・法人税等	△10,000	△8,000	―
当　期　純　利　益	36,000	24,000	△132,000
総 人 員 数（人）	237人	243人	260人

しながらビジネスプランを策定するとどのようになるであろうか。

損益分岐点を用いた分析においては損益分岐点をどのように引き下げるかを検討する必要がある。実際には次のようなポイントに留意することが必要になると考えられる。

① 医業収益をどのようにして増加させるか
② 限界利益率を高めて，変動費部分をいかにして削減していくか
③ 固定費をどのように引き下げていくか

これら3点については医療機関の運営会議等で検討されることになるが，医療機関はサービスとしての要素をもちえるが依然としてマクロ的な規制のハードルが高い。また，運営主体あるいは地域性という所与の段階での困難さを抱えているという側面も有している。

① については，診療報酬による収益構造において限界がある。むしろ，現状では過剰な診療行為による収益確保との批判が生じることになる。非営利性や公共性という特殊性のもとではやむをえないところでもある。

ただし，いわゆる保険外の診療については医療機関の経営努力によるところがある。たとえば，人間ドックにおける特自性などは差別化の対象となる。一考の余地があると思われる。

② については，検討を加えることが可能である。経営努力によっては実現可能な戦略といえるからである。この場合には，従来の診療プロセスの合理化や効率の向上が前提となってくる。すなわち，医療サービス原価を正確に算定できるような原価計算システムの構築が要求されることになる。

③ については，医療機関において難問ではあるがクリアするかどうかの考察の主体となろう。

2）固定費の管理と損益分岐点

固定費をどのように管理していくかについては図表8－5のような固定費分析表を作成することが妥当である。

図表8－5によって，固定費に関する各項目の検討が可能となる。医療機関

図表 8 − 5　平成13年度主要固定費分析表　　（単位：千円）

費用項目	金　額	比　率
（管理可能費）		
1．給　　与　　費	2,506,000	67.3%
2．旅　　　　　費	202,000	5.4%
3．通　信　運　搬　費	58,000	1.6%
4．備　消　耗　品　費	40,000	1.1%
5．委　　託　　費	56,000	1.5%
6．修　　繕　　費	20,000	0.5%
7．会　　議　　費	20,000	0.5%
8．諸　　会　　費	60,000	1.6%
9．雑　　　　　費	84,000	2.3%
小　　計	3,046,000	81.8%
（管理不能費）		
1．保　　険　　料	40,000	1.1%
2．租　税　公　課	44,000	1.1%
3．減　価　償　却　費	84,000	2.3%
4．リ　ー　ス　料	170,000	4.6%
5．支　払　利　息	340,000	9.1%
小　　計	678,000	18.2%
合　　計	3,724,000	100.0%

の固定費については人件費に関するものである。人件費を単純に削減することは得策ではない。人件費に先立って，減価償却費，支払保険料，研修費などについて検討する必要がある。人件費については，外部委託に関する業務のアウトソーシングともからめて配置転換などを図るなど医療機関全体の合理化・簡素化とあわせて考慮することが必要となろう。

　固定費の管理を損益分岐点の引き下げと結びつけて注目する場合には，今後のビジネスプランとあわせて，中期的な損益分岐点推移予定表を作成することが有用であると考えられる。ある計画目標のもと，損益分岐点推移予定分析表を作成すれば，図表 8 − 6 のようになる。

3　資金予算と資金計画

　予算編成にあたっては，長期ならびに短期的なニーズを満たすためには利用可能な資金を想定し，確保することが不可欠となる。支払能力が十分でなければ，ゴーイングコンサーンは維持できない。ましてや利益計画などの策定など

図表8－6　損益分岐点推移予定分析表　　　　　（単位：千円）

	平成13年	平成14年	平成15年	平成16年
医 業 収 益	9,862,000	10,158,000	10,462,000	10,776,000
変 動 費	6,270,000	6,502,000	6,592,000	6,682,000
（変動費比率）	（64％）	（64％）	（63％）	（62％）
限 界 利 益	3,592,000	3,656,000	3,870,000	4,094,000
（限界利益率）	（36％）	（36％）	（37％）	（38％）
固 定 費	3,724,000	3,598,000	3,300,000	3,290,000
（管理可能費）				
給 与 費	2,506,000	2,506,000	2,266,000	2,266,000
その他管理可能費	540,000	432,000	432,000	432,000
（管理不能費）				
支 払 利 息	340,000	340,000	300,000	300,000
減 価 償 却 費	84,000	76,000	68,000	62,000
租 税 公 課	44,000	44,000	44,000	44,000
保 険 料	40,000	30,000	30,000	30,000
リ ー ス 料	170,000	170,000	160,000	156,000
経 常 利 益	△ 132,000	58,000	570,000	804,000
損益分岐点医業収益	10,230,000	9,994,000	8,918,000	8,658,000
損益分岐点比率	103.7％	98.4％	85.0％	80.0％

できるはずもない。課題となるのは，何にいくらの資金を投ずるか，またどこからいくらの資金を調達するかを計画すること，そしてその資金の調達と運用に関するバランスをどう調整するかである。そうした資金に関する計画設定が，資金に関する予算編成（資金予算）あるいは資金計画である。

(1) 長期資金計画

長期資金計画は，通常3年から5年が一般的といえる。とはいうものの，あるプロジェクトに基づいた資金計画では必要な期間とするのが妥当である。長期資金計画をローリング方式で設定することも可能である。

たとえば，5年の計画を設定した場合，1年を経過するたびまた新たにその

時点から5年計画を設定するというものである。当初計画の2年度目，3年度目等の計画を再検討していくものである。たしかに，ヘルスケア機関の内部的あるいは外部的環境からするとかなりの計画変更が行われることになる。しかしながら，各年に設定される長期計画の初年度目を短期計画として活用できることは合理性のあることである。

長期資金計画では，土地，建物，機械，備品など設備取得に関する資金の計画が主となるかたわらで，設備稼働中に保有する必要のある在庫や未収金等に必要な長期運転資金も考慮しなければならない。同様の観点に立てば，資金の調達面についても長期的なものが必要となる。資金調達面について長期的な観点からすれば以下のような検討が必要になるであろう。

① 設備投資の資金には，そのプロジェクトの年数を超える（長期間利用可能な）資金の調達ができるかどうか。
② 借入による資金調達においての自己資本とのバランス。
③ ②による借入の金利負担の詳細について（資金コストがプロジェクトの収益性より低いこと）。
④ ②による返済計画の詳細について（利用可能な利益と減価償却費を含めたキャッシュ・フローの見積額）。

長期資金計画では，具体的には見積貸借対照表や見積損益計算書を作成し，総合的に計画を進めることが必要である。また，資金調達および返済に関する個別の計画表も合わせて作成することがもとめられる。

(2) 短期資金計画

短期の資金計画は，1年以内の期間を対象とする。短期資金計画は，支払資金の確保が前提となる。すなわちまさに，「資金繰り」である。ヘルスケア機関の収益構造が保険収入によることが多い観点からも，現金資金の計画については重要なものとなる。その管理においては，「資金繰表」の作成が不可欠である。資金繰表は，過去の実績の資金繰表（収支表）と利益計画に基づいて設

定される。医療機関が用いるであろう資金繰表は図表8－8のように示される。

また，2期間の貸借対照表を比較，各科目間の増減をとらえて，資金の調達と運用とに分類整理して，それによって当期間における資金の動きを示したものを資金運用表という。すなわち，運転資金の計画を設定する必要もある。企業において採用される資金運用表は図表8－7に示すとおりである。

4　ヘルスケア経営・会計教育の一方向性

(1)　ヘルスケア経営管理士の育成

これまで考察してきたビジネスプランは，単純に身につくものではない。時代の大きな変化に，ヘルスケア経営は対応しているのだろうか。あるいは新たなシステムの開発・展開にヘルスケア経営は機動性を有しているのであろうか。

図表8－7　資金運用表（例）

	資金の運用		資金の調達	
固定資金	決算資金	税金支払額	×××	税引前当期利益	×××
		配当金	×××	減価償却費	×××
		役員賞与	×××	退職給付引当金	×××
	小計	×××	長期借入金	×××
	固定資産投資	×××	増資	×××
	（固定資金余剰）	×××	（固定資金不足）	×××
	合計	×××	合計	×××
運転資金	受取手形	×××	支払手形	×××
	売掛金	×××	買掛金	×××
	貸倒引当金	△×××	賞与引当金	×××
	棚卸資産	×××	その他流動負債	×××
	その他流動資産	×××		
	（運転資金余剰）		（運転資金不足）	×××
	合計	×××	合計	×××
財務資金	（固定資金不足）		（固定資金余剰）	×××
	（運転資金不足）	×××	（運転資金余剰）	
	現金預金	×××	割引手形	×××
			短期借入金	×××
	合計	×××	合計	×××

図表 8 – 8　資金繰表（例）

			前月残	月	月	月	月	月	月
前月より繰越									
入金	窓口入金（当月）								
	（未収）								
	社　保								
	国　保								
	自　費（当月）								
	（未収）								
	雑　収								
	計								
支出	医業費用関係	材　料　費							
		同　手　形							
		未　収　金							
		給　与　賃　金							
		法　定　福　利							
		小　　計							
	財務関係	借　入　返　済							
		支　払　利　息							
		定　期　預　金							
		消　費　税							
		所　得　税							
		同　個　人　分							
		固　定　資　産							
		法　人　税							
		その他の税金							
		小　　計							
	家計	家　計　支　出							
		小　　計							
		計							
当月現預金過不足									
資金調達	新規借入（長期）								
	（短期）								
	借入返済（長期）								
	（短期）								
	新規借入利息								
	計								
翌月へ繰越									

出所）長谷川，前掲書，p.159

アメリカの病院経営管理については，戦後以降3段階のプロセスを経てきているとされる。

①1945～1965年　事務長（Administrator）時代
②1966～1979年　経営管理者（Medical Center Manager）時代
③1980年以降　　経営管理最高責任者（Chief Executive Officer）時代

わが国における状況は，①の事務長時代といわれている。その証拠に，事務部門のスタッフは複雑な保険制度や医療規制，医療過誤訴訟への対応などを背景に大きな格差があり，教育病院の事務管理費率ではアメリカの23％に対して，わが国の場合は10％にとどまっている。

こうした背景にはさまざまな要因があるものの，わが国の場合に考えられることのひとつに，医療機関における専門性の問題がある。医師，看護婦，福祉士，介護士あるいは各技能療法士など，図表8－9からわかるように，ヘルスケア分野に従事する者は資格を有するプロフェッションである[1]。これは何を意味するのであろうか。医療・福祉・介護行為等が，生命の維持あるいはケアにつながるという根源的なものに基づくものであるということに帰結されるが，その付与にはある一定の教育課程を必要としていることである。すなわち，確固とした教育プログラム・カリキュラムのもと人材育成が行われているのである。

そうした専門職のなかにあって，ヘルスケア分野での経営管理者はどうであろうか。ヘルスケア分野における経営職のポジションの軽視という現状はやはりこの点にあるように思われる。

前ニューヨーク医科大学の廣瀬輝夫教授は，「医療機関の倒産が増えてきているのは業態変化に対応できないこと，経営合理化が進んでいないことが要因。病院の質的改善による経済効率を向上させるためにも，経営戦略をつかさどる『医療経営管理士』の採用がこれからの病院経営に必要となってくるだろう[2]」と述べている。たしかに，医療経営管理士という資格は，現状の改革につながるように思われる。それには，かなり高度な教育プログラムあるいは試験制度

図表 8-9　医療関係者養成実態一覧表

区分	根拠法規	免許付与者	養成機関 指定権者	養成形態	入学資格	修業年限
医師	医師法	厚生大臣	文部大臣	大学	高校卒	6年
歯科医師	歯科医師法	厚生大臣	文部大臣	大学	高校卒	6年
薬剤師	薬剤師法	厚生大臣	文部大臣	大学	高校卒	4年
保健婦	保健婦助産婦看護婦法	厚生大臣	文部大臣	大学	高校卒	4年
			文部大臣	短期大学専攻科	短大卒で看護婦国家試験受験有資格者	1年
			厚生大臣	専修・各種学校	看護婦国家試験受験有資格者	1年
助産婦	保健婦助産婦看護婦法	厚生大臣	文部大臣	大学	高校卒	4年
			文部大臣	短期大学専攻科	短大卒で看護婦国家試験受験有資格者	1年
			厚生大臣	各種学校	看護婦国家試験受験有資格者	1年
			厚生大臣	専修・各種学校		1年
看護婦	保健婦助産婦看護婦法	厚生大臣	文部大臣	大学	高校卒	4年
				短期大学 3年課程	高校卒	3年
				短期大学 2年課程	高校卒の准看護婦	2年
				高等学校専攻科	高校卒の准看護婦	2年
			厚生大臣	専修・各種学校 3年課程	高校卒	3年
				専修・各種学校 2年課程	准看護婦業務経験3年以上又は高校卒の准看護婦	2年
准看護婦	保健婦助産婦看護婦法	都道府県知事	文部大臣	高等学校	中学卒	3年
				各種学校		2年
			都道府県知事	専修・各種学校		
診療放射線技師	診療放射線技師法	厚生大臣	文部大臣	大学	高校卒	4年
				短期大学 専修学校		3年
			厚生大臣	専修・各種学校		
臨床検査技師	臨床検査技師、衛生検査技師等に関する法律	厚生大臣	文部大臣	大学	高校卒	4年
				短期大学 専修学校		3年
			厚生大臣	専修・各種学校		
理学療法士	理学療法士および作業療法士法	厚生大臣	文部大臣	大学	高校卒	4年
				短期大学 盲学校高等部専攻科		3年
			厚生大臣	専修・各種学校		
作業療法士	理学療法士および作業療法士法	厚生大臣	文部大臣	大学	高校卒	4年
			厚生大臣	専修・各種学校		3年
視能訓練士	視能訓練士法	厚生大臣			高校卒	3年
					大学等で2年以上修業し指定の科目を修めたもの	1年
歯科衛生士	歯科衛生士法		文部大臣	短期大学	高校卒	2年
				専修学校		
歯科技工士	歯科技工士法	厚生大臣	厚生大臣	専修・各種学校	高校卒	2年
臨床工学技士	臨床工学技士法	厚生大臣	文部大臣	短期大学	高校卒	3年
			厚生大臣	専修・各種学校		
義肢装具士	義肢装具士法	厚生大臣	厚生大臣	専修・各種学校	高校卒	3年
救急救命士	救急救命士法	厚生大臣	厚生大臣	専修・各種学校	高校卒	3年
あん摩マッサージ指圧師・はり師きゅう師	あん摩マッサージ指圧師・はり師きゅう師等に関する法律	厚生大臣	文部大臣	大学	高校卒	4年
				短期大学	高校卒	3年
				盲学校	中学卒	3～5年
			厚生大臣	専修・各種学校	高校卒	3年
					中学卒（視覚障害者）	3～5年
柔道整復士	柔道整復士法	厚生大臣	厚生大臣	専修・各種学校	高校卒	3年

によって資格付与をする必要があろう。また，医療機関も病院以外の付帯事業により運営されていることを勘案し，福祉施設・介護施設においても適応可能なヘルスケア経営管理士の養成が必要となるように思われる。

(2) ヘルスケア経営センスの向上

ヘルスケア経営管理士が，医療制度における「戦略」とすれば，その達成は中期的あるいは長期的な視野を考慮に入れる必要があろう。前述したように医療経営環境は絶えず変化している。「戦術」が必要となる。

医師が医療（行為）責任者でありながら，運営（行為）責任者でもあるという点に批判があつまることが多い。医療は，医療行為のための教育プログラムを達成した責任者である医師が行うのは当然としながら，その運営については経営の専門的な知識を有する者に任せるべきだと主張する，いわゆる「医療と

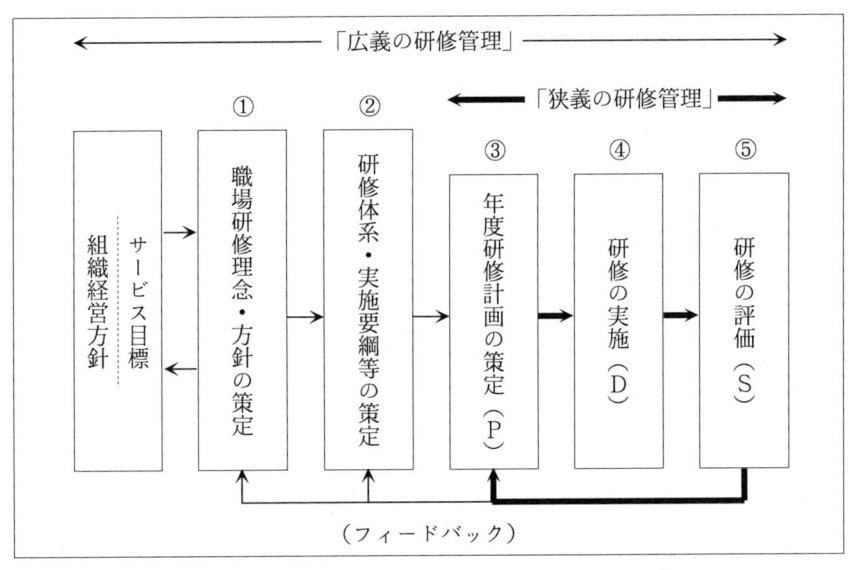

図表 8-10 研修管理のプロセス

```
←――――――――「広義の研修管理」――――――――→
                      ←―――「狭義の研修管理」―――→
         ①        ②        ③        ④        ⑤
┌──────┐ ┌──────┐ ┌──────┐ ┌──────┐ ┌──────┐ ┌──────┐
│組 サ │ │職 理 ・ │ │研 ・ 要 │ │年 研 計 │ │研 の │ │研 の │
│織 ー │→│場 念 方 │→│修 実 綱 │→│度 修 画 │→│修 実 │→│修 評 │
│経 ビ │ │研 針 の │ │体 施 等 │ │の 策 │ │の 施 │ │の 価 │
│営 ス │←│修 策 │ │系 の │ │定 │ │ (D)│ │ (S)│
│方 目 │ │ 定 │ │ 策定 │ │ (P)│ │ │ │ │
│針 標 │ │ │ │ │ │ │ │ │ │ │
└──────┘ └──────┘ └──────┘ └──────┘ └──────┘ └──────┘
         ↑        ↑        ↑                          │
         └────────┴────────┴──────────────────────────┘
                    （フィードバック）
```

出所）全国社会福祉協議会『社会福祉施設運営論』全国社会福祉協議会 2001年, p.211

経営の分離」を唱える声もある。それについて基本的に異論はない。

　ただし，医師等に経営センスがないか，と問われる場合，一概に断言できない側面も有する。大きな規制緩和あるいは制度改革がない場合，ひとつには医師等ヘルスケア経営責任者の経営センスを向上させる方法を模索することがよいように思われる。

　全国の医学部には，医療管理学という教育科目が存在する。おそらく，経営というものを意識させる唯一の科目といってもよいかもしれない。ただし，その採用はわずか10校にとどまっているという現状にある。医療管理学はさらに展開されねばならない教育プログラムのように思われる。

　また，ヘルスケア経営のために業務を特化させるべく，教育研修の充実をパブリックセクターのもと展開させることも一案ではないかと思う。教育研修には，たとえば図表8－10のようなプロセスが考えられる。

　ヘルスケアという非営利性の高いと思われる組織においても，企業と何ら変わることなく経営管理あるいは会計・財務に関するコントロールは不可欠のものである。ゴーイングコンサーンなくしては質の高い医療，最高の福祉，やさしい介護を希求したとしても，限界がある。ヘルスケア行為を安定的に行うには，一定の採算を確保することがミッションといってもよいのである。ヘルスケア経営・会計を行う場合，どのような教育をシステム化し，人材育成を達成していくか，関係者が知恵を結集して提言していく時代にきている。

注）
　1）表は平成7年度に発表されたものであり，省庁改編あるいは新規資格制度の展開がみられる。
　2）日本医療企画『フェイズ3』日本医療企画　2001年10月号，pp.44-45

参考文献
　医療経営白書編集委員会『医療経営白書 2001年度版』日本医療企画，2000年
　医療経済研究機構『医療白書 2000年度版』日本医療企画，2000年
　全国社会福祉協議会『社会福祉施設運営論』全国社会福祉協議会，2001年

木下照嶽ほか『政府・非営利組織の経営・管理会計』創成社，2000年
木下照嶽ほか『現代ヘルスケア論』税務経理協会，2001年
日本医療企画『フェイズ3』日本医療企画　2001年10月号，2001年9月
長谷川武『医・病院経営実践マニュアル』金原出版，1995年

索引

あ行

IT（情報技術）投資　79
アカロフ　30
ASEAN産業協力　72
ASEAN自由貿易地域（AFTA）　71
意味情報　107,108,111,113,115,116
医療管理学　194
医療経営　179
インターネット　113-116
AICO　72
ALM手法　176
SQC　19
SCM　25
LIBOR（ロンドン銀行間金利）　158
オーカン　33
OJT　19
オプション料　163
オープンな構造　113
Off-J-T　19

か行

改革・開放政策　64
華人資本　61
価値の多様化　6
株価指数先物　168
株式所有の分散化　17
株式持合い　48
環境責任　6
監査システム　15
監視機能　17
完全所有志向戦略　60
カントリー・リスク　3
企業家機能　8,10
企業家精神　23
企業集団　32,33,47,48
企業の社会性　7
規制緩和　53,55

QCサークル活動　19
教育研修　194
教職員退職年金　18
共通効果特恵関税　72
金融先物取引　167
金利先物　167
金利スワップ　157
金利リスク　156
空洞化　47,48
グループウェア　111-113,116-118
グローバル化　3
経済特（別）区　64
経済資源の可動性　39-43,45-51,53-54
経済システム　29,31-34,39,45,49-51,53,55
形式情報　107,108,115,116,
経団連企業行動憲章　11
系列　32-35,39,47-48,50
経路依存性　45
決済リスク　170
現在価値　172
牽制体制　176
公益性　7
公共性　7
交渉費用　31,36,45
郷鎮企業　66
合弁志向戦略　60
効率性　29,30
ゴーイングコンサーン　179
コース　30
コーポレート・ガバナンス　16
コール・オプション　163
個人－企業－社会の三層構造　13
固定費　185
コミュニケーション　103,109-111,116
雇用過剰感　127
雇用管理調査　134
雇用調整　119-124,126
雇用動向　123

さ 行

債券先物　168
35歳ルール　169
三通　69
三不政策　68
CD（譲渡性定期預金）　153
CP（コマーシャル・ペーパー）　154
CVP分析　183
資金繰り　188
資金繰表　188
資金計画　187
資金予算　187
市場リスク　170
シジョリ経済圏　73
執行費用　30-31,36,46
実質賃金　124-125
実践経営学　23
指導原理　6
自発的離職者　131
事務リスク　170
社会システム　2
社会主義市場経済　65
就業構造基本調査　136
終身雇用　32-33,48
シュンペーター　23
商社参加型合弁　61
情報装備の貢献　87-88,90
情報装備分配率　88
情報装備率　81,83-85
将来価値　172
諸制度　29,31-34,39,44-45,47,50,55
情報化投資　90,97-99,101
情報の協創　104,108,109,113,114,
情報の共有　103-109,113-116
人員削減　126
新古典派　29,30
新制度派　29
信用リスク　170
ステイクホルダー　25
スティグリッツ　50
スプレッド融資　154
スペシャリスト　26
スワップション　157
生産性のパラドックス　79-80,99-101

正社員　142,146
セーフティーネット　51,53
ゼネラリスト　26
CEPT　72
ゼロコスト・オプション　159
前店後　67
創造的破壊　47-53
測定費用　30-31,36,45
損益分岐点推移予定分析表　186

た 行

退出障壁　38
体制責任　6
多能工化　20
短期プライム・レート　156
長期継続的取引　35-36,39
長期資金計画　188
長期変動貸出基準金利　156
朝鮮族　70
通貨オプション　159
通貨先物　168
TIBOR（同東京市場）　158
DEA　90,93,95,97
ディスクロージャー制度　17
デジタルネットワーク　5
デリバティブ取引　160
転職　127,128
独資企業　66
取引停止により失われる純レント　38
取引特殊的資産　38
取引特殊的投資　37-39
取引費用　29-32,34-35,39-42,45-47,49-52,54

な 行

内部収益率　175
南巡講話　65
ニクソン・ショック　59
ニュー・マネジメント　12
ネットワーク　103,104,107,113,115-117

は 行

場　104,108-111,113-117
パーツ経済圏　74
パート・アルバイト　137

パートタイマー　　137,141-142
パートタイム　　129
ハイテク化　　2
派遣労働者　　134-135,142
バブル　　121,124
ビジネスプランニング　　180
非正社員　　143
人質　　38
付加価値生産性　　81,84-89
プット・オプション　　163
プラザ合意　　59
ブラック・アンド・ショールズ理論　　172
プロジェクト計画　　181
ヘルスケア経営管理士　　193
ヘルスケア　　179
ホワイトカラー　　119

ま　行

毎月勤労統計調査　　124
マルチメディア　　109,110,112,116,117,
見えざる握手　　33,38
見えざる手　　33
ミュルダール　　42
魅力　　43,44,48,51

メインバンク制　　32-33,47-48
メガ・コンペティション　　43
メコン河流域開発　　74
目標利益　　183
モジュール　　113,

や　行

山城章　　23

ら　行

リーガル・リスク　　170
利益計画　　181
リエンジニアリング　　103-105,117,118
リストラ　　119,139
流動性リスク　　170
倫理学　　12
倫理綱領の制定　　13
レッドチップス　　67
レバリッジ効果　　161
レント・シーキング　　45,52
労働者派遣事業報告　　135
労働白書　　127
労働力調査　　131
労働力調査特別調査　　129-131,145

執筆者

飯冨　順久（和光大学教授）〔第1章〕
武田　　巧（明治大学助教授）〔第2章〕
鈴木　岩行（和光大学教授）〔第3章〕
小林　　稔（和光大学教授）〔第4章〕
上野　哲郎（和光大学教授）〔第5章〕
樋口　弘夫（和光大学教授）〔第6章〕
三宅　輝幸（和光大学教授）〔第7章〕
井出健二郎（和光大学助教授）〔第8章〕

（執筆順）

21世紀の企業経営と経営教育

2002年8月10日　初版第一刷発行

編　者　　和光大学経営教育研究会
発行者　　田　中　千津子

発行所　株式会社　学文社

〒153-0064　東京都目黒区下目黒3-6-1
☎ 03(3715)1501　FAX 03(3715)2012
振替　00130-9-98842

検印省略
ISBN 4-7620-1154-1

印刷／新灯印刷㈱
http://www.gakubunsha.com/